베트남어

- ☆ 잠깐! 베트남어 매칭 테스트
- ☆ 베트남어 문자
- ☆ 성조
- ☆ 발음(모음, 자음)
- ☆ 발음 연습
- ☆ 발음 차이

01 잠깐! 베트남어 매칭 테스트

본격적인 공부를 시작하기 전에 베트남어와 한국어가 얼마나 닮아있는지 알아보는 코너입니다.
아래 베트남어의 뜻을 추측해 보세요.

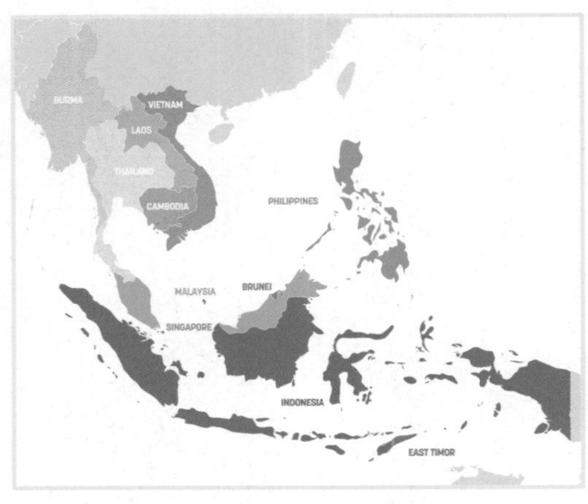

Đông Nam Á

Hàn Quốc

첫 번째 단어는 '동남아', 두 번째 단어는 '한국'입니다.
한 번도 베트남어를 배운 적이 없는데 어떻게 뜻을 유추할 수 있었을까요?
바로 베트남어 문자가 우리에게 익숙한 알파벳으로 되어 있고, 베트남어 어휘에도 우리나라 말과 비슷한 한자어가 있기 때문입니다. 위의 단어들은 우리나라 말과 발음이 매우 비슷한 한자어이죠.
비슷한 점을 찾고 나니 왠지 베트남어를 즐겁게 공부할 수 있을 것 같은 좋은 예감이 들지 않나요?
그럼 본격적으로 베트남어 문자, 발음 공부를 시작해 봅시다.

02 베트남어 문자

MP3 00-01

베트남어 문자는 총 29개입니다. 영어 알파벳과 비교하면 F, J, W, Z가 없어요.
Ă, Â, Ê, Ô, Ơ, Ư의 모음 기호와 성조를 혼동하지 않도록 주의하세요.

• 베트남어 문자와 알파벳 명칭을 함께 배워요.

문자	명칭	발음
A a	a	아
Ă ă	á	짧은 아
Â â	ớ	짧은 어
B b	bê	ㅂ
C c	xê	ㄲ
D d	dê	(북부)ㅈ / (남부)이
Đ đ	đê	ㄷ-ㄹ
E e	e	애
Ê ê	ê	에
G g	giê	ㄱ
H h	hát	ㅎ
I i	i (ngắn)	이
K k	ca	ㄲ
L l	e-lờ	ㄹ
M m	em-mờ	ㅁ
N n	en-nờ	ㄴ
O o	o	오-어
Ô ô	ô	오
Ơ ơ	ơ	어
P p	pê	ㅃ
Q q	quy	ㄲ
R r	e-rờ	(북부)ㅈ / (남부)ㄹ
S s	ét-sì	ㅆ, ㅅ
T t	tê	ㄸ
U u	u	우
Ư ư	ư	으
V v	vê	(북부)ㅂ / (남부)ㅇ
X x	ích-xì	ㅆ, ㅅ
Y y	i (dài)	이

성조

MP3 00-02

베트남어는 6개의 성조가 있어요.
알파벳 철자가 같더라도 성조가 다르면 다른 뜻이 되니 성조에 주의하세요.

- 성조의 이름은 순서대로 không dấu, dấu sắc, dấu huyền, dấu hỏi, dấu ngã, dấu nặng이라고 하기도 해요.

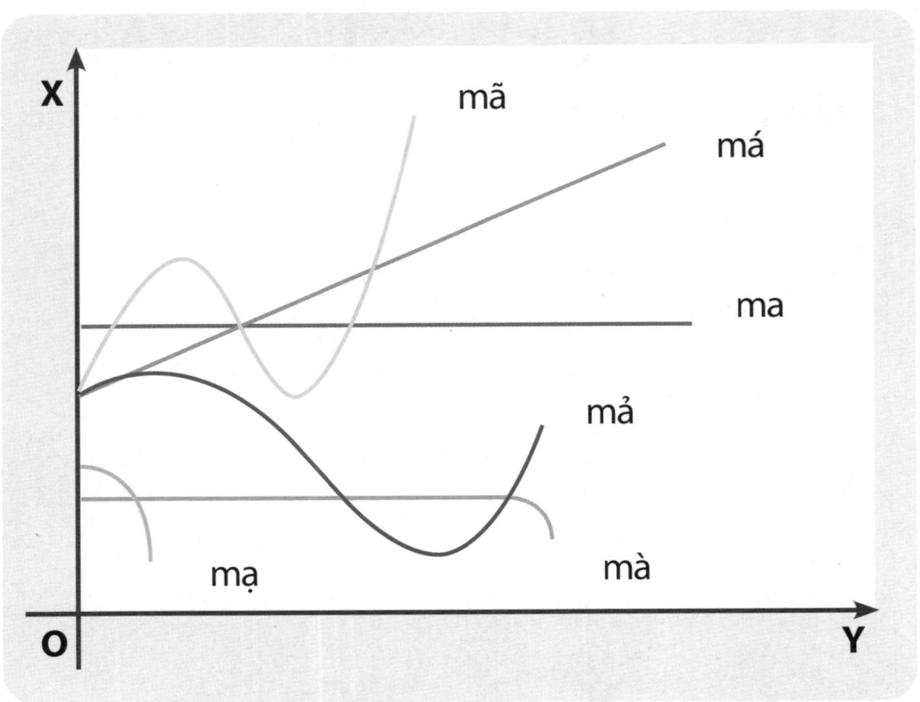

- OX : 성조의 높고 낮음, OY : 성조의 길고 짧음

04 성조

MP3 00-03

성조 변화에 따라 달라지는 단어의 뜻

ba	bà	bã
숫자 3	할머니	찌꺼기, 침전물

tôi	tối
나	저녁

nghỉ	nghĩ
쉬다	생각하다

tự	từ từ
스스로	천천히

05 발음(모음)

MP3 00-04

베트남어에는 12개의 단모음이 있어요.

단모음

A a	Ă ă	Â â
긴 아	짧은 아	짧은 어
E e	Ê ê	I i
애	에	짧은 이
O o	Ô ô	Ơ ơ
오-어	오	긴 어
Y y	U u	Ư ư
긴 이	우	으

짚고 넘어가기

- 'a', 'ă'와 'ơ', 'â'의 차이는 발음의 길고 짧음이에요. ă와 â를 단독으로 읽어 알파벳 이름이 될 때는 á, ớ로 thanh sắc 성조를 붙여 읽어요.
- 'e', 'ê'의 발음 차이는 듣고 구별하기 힘들어요. 우리말의 'ㅐ', 'ㅔ'처럼 학습된 단어로 구별합니다.
- 현재 베트남에서는 단모음 'i', 'y'를 'i'로 통일하는 규정을 적용하고 있어요. 아직 혼재되어 있는 상태지만 단모음 'y'는 점차 'i'로 표기하고 있습니다. 따라서 단모음의 경우 읽는 방식은 i = y입니다.
- 'o'는 우리말에 없는 발음입니다. 반복해서 따라 읽으면서 익숙해지도록 합시다.

06 발음(모음)

MP3 00-05

단어 연습 앞에서 배운 단모음이 단어로 어떻게 활용되는지 알아보아요.

단모음

lá 나뭇잎	**ăn** 먹다	**sâm** 인삼
em 동생	**lê** 배	**mì** 국수
học 공부하다	**cô** 여자선생님	**bơ** 아보카도
tỷ(tỉ) 10억	**dù** 우산	**từ** 단어

발음(모음)

MP3 00-06

이중모음 단모음 두 개가 결합한 형태로 하나씩 읽어주되 연결해서 읽습니다.

ao	ôi	uô
아오	오이	우오
ai	**ay**	**ươ**
아–이	아이–	으어

이중모음의 불규칙

- 아래 세 가지 이중모음은 단모음을 읽는 방식처럼 하나씩 읽지 않아요. 뒤의 'a'가 우리말의 '어'와 비슷하게 소리나기 때문에 꼭 주의하세요.
- 이외에도 여러 이중모음 형태가 존재합니다.

ia	ua	ưa
이어	우어	으어

삼중모음 모음이 세 개 결합한 형태로 이중모음처럼 하나씩 읽어주되 연결해서 읽고 가운데 모음은 거의 소리가 나지 않아요.

iêu	uyê	ươi
이에우	우이에	으어이

08 발음(모음)

MP3 00-07

앞에서 배운 이중모음이 단어로 어떻게 활용되는지 알아보아요.

이중모음

áo 옷, 상의	**tôi** 나	**uống** 마시다

tai 귀	**tay** 손, 팔	**lương** 월급

이중모음 불규칙

đĩa 접시	**cua** 게	**lửa** 불

삼중모음

hiểu 이해하다	**luyện** 연습하다	**người** 사람

09 발음(자음)

MP3 00-08

총 17개의 단자음이 있습니다. 지역에 따른 발음의 차이에 주의하세요.

단자음

Bb	Cc	Dd	Đđ
ㅂ	ㄲ	(북부)ㅈ / (남부)이	ㄷ-ㄹ
Gg	**Hh**	**Kk**	**Ll**
ㄱ	ㅎ	ㄲ	ㄹ
Mn	**Nn**	**-P -p**	**Qq**
ㅁ	ㄴ	-ㅂ	ㄲ

Rr	Ss	Tt	Vv	Xx
(북부)ㅈ / (남부)ㄹ	ㅆ, ㅅ	ㄸ	(북부)ㅂ / (남부)ㅇ	ㅆ,ㅅ

짚고 넘어가기

- 베트남어에는 영어에 있는 알파벳 f, j, w, z가 없어요.
- 북부지역과 남부지역 발음을 모두 익히면 좋아요. 이 책에서는 북부지역 발음을 중심으로 다뤄요.
- 'c'와 'k'는 같은 발음이에요. 또 북부지역에서는 'd'와 'gi'가 비슷한 발음이에요.
- 'g' 발음은 우리말보다 가볍게 하고 'l' 발음은 영어의 'l' 발음처럼 혀를 입천장에 붙였다가 뗍니다.
- 남부지역에서 'r' 발음은 혀를 둥글게 말아 영어의 'r' 발음처럼 발음해요.
- 'v' 발음은 영어의 'v' 발음과 같이 윗니를 아랫입술에 살짝 붙였다 떼는 발음이에요.
- 'q'는 항상 모음 'u'와 함께 쓰입니다.

10 발음(자음)

MP3 00-09

단어 연습 앞에서 배운 단자음이 단어로 어떻게 활용되는지 알아보아요.

단자음

 bạn	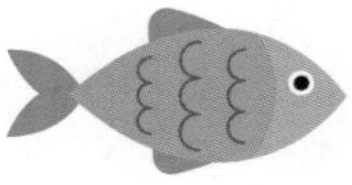 cá	 dê	 đào
친구	물고기	염소	복숭아

 gà	 hổ	 kem	 làm
닭	호랑이	아이스크림	일하다

 mẹ	 nam	 bếp	 quà
엄마, 어머니	남자	부엌	선물

 rắn	 sao	 tỏi	 Việt Nam	 xoài
뱀	별	마늘	베트남	망고

11 발음(자음)

MP3 00-10

복자음

단자음 두 개의 결합이 하나의 소리를 냅니다.

ch	gh	gi
ㅉ	ㄱ	(북부) ㅈ(z) / (남부)이
kh	**ng**	**ngh**
ㅋ	응	응

nh	ph	th	tr
니	ㅍ(f)	ㅌ	ㅉ

짚고 넘어가기

- ch는 'ㅉ' 발음이지만 지역에 따라 강한 'ㅊ'으로 발음하기도 합니다.
- 'gh', 'ngh'은 모음 'e', 'ê', 'i'에만 결합할 수 있어요.
- 'nh'는 반모음으로 우리말의 '니'와 비슷해요.
- 'ph'는 영어의 'f' 발음으로 윗니를 아랫입술에 살짝 붙였다 떼는 발음이에요.

끝자음

받침으로 이해해도 됩니다. 앞에 위치하는 모음에 따라 발음이 달라지는 끝자음이 있으니 주의하세요.

-m	-n	-ng	-c
–ㅁ	–ㄴ	–ㅇ	–ㄱ
-p	**-t**	**-ch**	**-nh**
–ㅂ	–ㅅ, –ㅌ	앞모음이 'a' 일 때 –아익 앞 모음이 'a'가 아닐 때 –ㄱ	앞모음이 'a' 일 때 –아잉 앞 모음이 'a'가 아닐 때 –ㄴ

짚고 넘어가기

- 모음 'o', 'ô', 'u' 뒤에 끝자음 '– c', '– ng'가 올 때 일부 지역에서는 입을 다물고 볼에 바람을 넣는 방식으로 발음해요.
- 끝자음 '–nh' 앞모음이 'a'가 아닐 때 'ㄴ', 혹은 'ㅇ' 받침으로 발음하기도 해요.

MP3 00-11

앞에서 배운 복자음이 단어로 어떻게 활용되는지 알아보아요.

복자음

chị
언니

ghế
의자

già
늙다

khỉ
원숭이

ngủ
잠자다

nghề
직업

nhà
집

phở
쌀국수

thi
시험

trà
차

13 발음(자음)

MP3 00-12

단어 연습 앞에서 배운 끝자음이 단어로 어떻게 활용되는지 알아보아요.

끝자음

			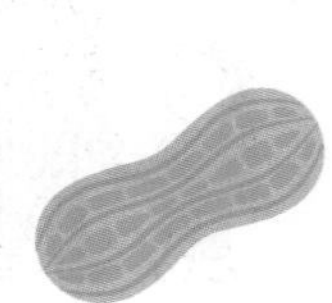
xám 회색	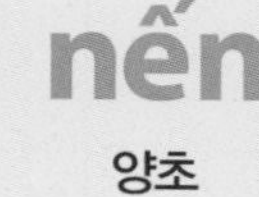 **nến** 양초	**rồng** 용	 **lạc** 땅콩

gặp 만나다	**cắt** 자르다	**sách** 책	**anh** 오빠, 형

 **thích** 좋아하다	**xinh** 예쁘다		

14 발음 연습

MP3 00-13

1 발음을 잘 듣고 따라 읽어 보세요.

■ bi	đi	mi	ni
■ bim	đim	bên	đên
■ ca	xa	la	ha
■ ứng	từng	lưng	hưng

2 발음을 잘 듣고 성조에 유의하여 따라 읽어 보세요.

■ ma	má	mà	mả	mã	mạ
■ hoa	lắm	xèo	hỏi	lãng	gặp
■ ngoan	huyền	thưởng	liệu		

3 발음을 잘 듣고 다음 단어를 읽어 보세요.

■ lưu ý	chuẩn bị	mua sắm	chia tay
■ làm ơn	xanh lục	người ta	khách sạn

발음 차이

베트남은 북에서 남으로 매우 긴 영토를 가진 나라입니다. 그래서 지역별로 발음에 차이가 있어요.
크게 수도 하노이(Hà Nội)를 중심으로 한 북부지역 발음, 옛 수도인 후에(Huế)를 중심으로 한 중부지역 발음, 그리고 호찌민시(Thành phố Hồ Chí Minh)를 중심으로 한 남부지역 발음으로 나누어집니다.
이 중에서 표준어는 하노이를 중심으로 한 북부지역입니다. 남부지역 발음도 이 책에서는 괄호 안에 표기했어요.
모음 및 자음 발음의 차이뿐만 아니라 북부-남부지역에서 아예 다른 단어를 쓰는 경우도 있습니다.
베트남어를 공부하는 학습자에겐 헷갈리는 부분입니다만 한층 더 풍부하고 다양한 베트남어를 만나 볼 수 있습니다.

북부-남부에서 다른 단어를 쓰는 경우

북부	남부
bố 아버지	**ba** 아버지
mẹ 어머니	**má** 어머니

여러분 안녕하세요?

Xin chào các bạn?

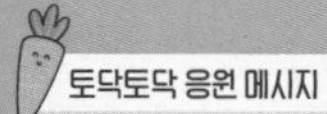

토닥토닥 응원 메시지

이제부터 베트남어 공부를 본격적으로 시작할 거예요! 익숙하지 않은 성조도 낯선데 수염도 달려 보이고, 모자도 쓴 것 같은 복잡한 모습의 모음 기호와 자음 때문에 혹시 위축되셨나요? 일단 겁먹지 마세요! 그래도 베트남어 문법은 영어나 다른 외국어에 비해 쉬운 편입니다. 이번 과를 무사히 학습하면 베트남어에 대한 흥미와 자신감이 생길 거예요. 그럼 시작해 봅시다!

Thú vị quá (너무 재미있어요!)

01 인사 표현

1 안녕하세요 (처음 만나거나 격식을 차려야 하는 상대일 때)

Xin chào. 안녕하세요.
씬 짜오

베트남어에서 가장 기본적인 인사 방법입니다.
'xin'은 문장 제일 앞에 붙어 정중한 느낌을 나타내며, 높임말을 만드는 단어입니다.
'chào'는 '안녕'이라는 뜻으로 'xin + chào'가 합쳐져서 '안녕하세요!'가 됩니다.

2 안녕하세요 (친한 사이일 때)

Chào anh. 안녕하세요. (연상 남자)
짜오 아잉(안)

Chào chị. 안녕하세요. (연상 여자)
짜오 찌

Chào em. 안녕. (연하 남자 또는 여자)
짜오 앰

Chào bạn. 안녕. (친구, 동년배)
짜오 반

위에서 배운 Xin chào가 대표적인 인사 표현이지만 실제 베트남 사람들은 사회적 관계에 따라 'Chào + 호칭' 인사법을 더 많이 사용합니다. 보다 친근하고 정감 가는 표현이에요.

베트남어 호칭

ông	할아버지 또는 할아버지뻘의 남성	bà	할머니 또는 할머니뻘의 여성
anh	오빠 또는 형, 사회적 관계에서 일반적인 남성	chị	언니 또는 누나, 사회적 관계에서 연상 여성
em	동생, 연하의 남자 또는 여자	bạn	친구, 동년배
thầy	남자 선생님	cô	여자 선생님, 아가씨, 작은고모

3 고마워요, 미안해요

Cám ơn. 고마워요.
깜 언

Xin lỗi. 미안해요. (실례해요)
씬 로이

고마워요, 미안해요 뒤에도 호칭을 함께 써서 더 친근하게 표현할 수 있습니다.

Cám ơn anh. 형(오빠) 고마워요.

Xin lỗi cô ạ. (여자)선생님 죄송합니다.

잠깐
- 고마워요 Cảm ơn = Cám ơn
- 문장 끝에 ạ는 높임말을 만듭니다.

02 단어

나라

Hàn Quốc 한국
한 꾸옥

Việt Nam 베트남
비엣 남

Trung Quốc 중국
쭝 꾸옥

Nhật Bản 일본
녓 반

Mỹ 미국
미

Anh 영국
아잉(안)

Pháp 프랑스
팝

Thái Lan 태국
타이 란

직업

học sinh 학생
혹 씽

giáo viên 선생님
쟈오(야오) 비엔

bác sĩ 의사
박 씨

y tá 간호사
이 따

nhân viên công ty 회사원
년 비엔 꽁 띠

giám đốc 사장
잠(얌) 독

ca sĩ 가수
까 씨

công an 경찰
꽁 안

03 단어 연습

1 다음 국기를 보고 어느 나라인지 베트남어로 써 보세요.

❶ ____________________

❷ ____________________

❸ ____________________

❹ ____________________

2 바르게 연결하세요.

선생님 •	• ca sĩ
가수 •	• y tá
의사 •	• giám đốc
경찰 •	• công an
학생 •	• học sinh
회사원 •	• giáo viên
간호사 •	• nhân viên công ty
사장 •	• bác sĩ

04 문장

Tôi là người Hàn Quốc. 나는 한국 사람입니다.
또이 라 응으어이 한 꾸옥

Anh ấy là người Việt Nam. 그 형(오빠)은 베트남 사람입니다.

Chị ấy là người Nhật Bản. 그 누나(언니)는 일본 사람입니다.

2인칭 + ấy ‘ấy’는 ‘그’라는 뜻의 지시사로 2인칭 호칭 뒤에 붙어서 3인칭을 만듭니다.

là 동사 là는 ‘A là B’의 형태로 ‘A는 B이다’라고 해석해요.

잠깐

베트남어에서 형용사가 명사를 수식할 때 어순은 '명사 + 형용사'입니다. 형용사가 아닌 성분도 명사를 수식할 때 명사 뒤로 갑니다.
ex)베트남 사람= 사람 + 베트남 = người Việt Nam

Bạn là người nước nào? 너(친구)는 어느 나라 사람이야?
반 라 응으어이 느억 나오

A: Anh là người nước nào? 형(오빠)은/는 어느 나라 사람이에요?

B: Tôi là người Việt Nam. 나는 베트남 사람이에요.

nào ‘nào’는 의문사로 ‘어느, 어떤’이라는 뜻입니다. ‘nào’는 의문사로 쓰일 때 항상 ‘명사 + nào’ 형태로 써야 해요.

Bạn thích cái nào? 너는 어떤 것이 좋아?

단어

anh ấy 그, 그 형(오빠) chị ấy 그녀, 그 누나(언니) người 사람 nước 나라 nào 어느, 어떤 thích 좋아하다 cái 것

05 문장 연습

1 아래 단어를 조합해서 예와 같은 문장을 만드세요.

người　　là　　chào

Trung Quốc　　cô ấy　　ông　　ạ

예 Chào bà ạ. ______________________________.

예 Thấy ấy là người Anh. ______________________________.

2 질문을 읽고, 보기에서 알맞은 단어를 활용하여 써 넣으세요.

질문 Bạn là người nước nào?

보기 Thái Lan　Mỹ　Anh　Trung Quốc　Nhật Bản　Pháp

người Pháp 프랑스인	❶ ______ 태국인	❷ ______ 영국인
❸ ______ 일본인	❹ ______ 중국인	❺ ______ 미국인

06 회화

MP3 01-03

Minh Chào bạn. Bạn là người nước nào?

Yu-na Chào bạn. Mình là người Hàn Quốc. Còn bạn?

Minh Mình là người Việt Nam. Mình tên là Minh. Còn bạn tên là gì?

Yu-na Mình là Yuna. Rất vui được gặp bạn.

Minh Mình cũng rất vui được gặp bạn.

밍 안녕 친구야.
너는 어느 나라 사람이니?

유나 안녕 친구. 나는 한국인이야. 너는?

밍 나는 베트남 사람이야.
내 이름은 밍이야.
너는 이름이 뭐야?

유나 나는 유나야. 너를 만나서 반가워.

밍 나도 너를 만나서 반가워.

07 회화 연습

본문을 소리 내어 5번 읽고 아래와 같이 동그라미 해주세요!

Minh

Chào bạn. Bạn là người nước nào?
짜오 반 반 라 응으어이 느억 나오

동년배, 친구는 'bạn'이라고 부르며 남성, 여성 모두에게 사용할 수 있습니다.

người 사람 nước 나라 nào 어느

Yu-na

Chào bạn.
짜오 반

Mình là người Hàn Quốc.
밍 라 응으어이 한 꾸옥

동년배, 친구와 대화할 때 '나'를 칭하는 호칭은 'mình'입니다. 만약 'tôi'를 쓰게 되면 다정하지 않으며 친구가 아니라는 느낌을 주기에 꼭 mình을 사용하세요.

Còn bạn?
꼰 반

mình 나 còn + 2인칭 2인칭은요?

Minh

Mình là người Việt Nam.
밍 라 응으어이 비엣 남

Mình tên là Minh.
밍 뗀 라 밍

Còn bạn tên là gì?
꼰 반 뗀 라 지

접속사 'còn'은 주제(화제)를 전환할 때 사용하며 나에 대한 이야기를 하면서 상대방에게도 질문할 때 많이 사용합니다.

tên 이름 còn 그리고, ~한 후, 그러면, 그러나

Yu-na

Mình là Yuna.
밍 라 유나

Rất vui được gặp bạn.
젓(럿) 부이 드억 갑 반

rất 매우 vui 즐겁다, 기쁘다 được + 동사 ~하게 되다
gặp 만나다

Minh

Mình cũng rất vui được gặp bạn.
밍 꾸웅 젓(럿) 부이 드억 갑 반

'cũng'은 부사로 주어 뒤, 서술어 앞에 위치하여 '또한, 역시'라고 해석합니다.

cũng 역시, 또한

문법

là 동사 문장

A + **là** + **B** A는 B이다.

Tôi tên là Hùng. 내 이름은 훙입니다.

A + **không phải là** + **B** A는 B가 아니다.

Tôi tên không phải là Hùng. 내 이름은 훙이 아닙니다.

A + **là** + **B** + **phải không?** A는 B입니까?

Anh tên là Hùng phải không? 당신의 이름은 훙입니까?

베트남어 인칭

	단수	복수
1인칭	tôi (친분이 없을 때) 나	chúng tôi 우리 (상대 포함×)
	mình (친구 사이) 나	chúng ta 우리 (상대 포함O)
2인칭	anh 형/오빠	các anh 형들/오빠들
	chị 언니/누나	các chị 언니들/누나들
	em 동생	các em 동생들
	bạn 친구	các bạn 친구들
3인칭 'họ'는 '그들'	anh ấy 그 형/그 오빠	các anh ấy 그 형들/그 오빠들
	chị ấy 그 언니/그 누나	các chị ấy 그 언니들/그 누나들
	em ấy 그 동생	các em ấy 그 동생들
	bạn ấy 그 친구	các bạn ấy 그 친구들

09 문법 연습

1 다음 예와 같이 써 넣으세요.

예 tôi / bác sĩ → Tôi là bác sĩ. Tôi không phải là bác sĩ.

❶ anh / ca sĩ
→ ____________ ____________

❷ chị ấy / nhân viên công ty
→ ____________ ____________

❸ ông ấy / công an
→ ____________ ____________

❹ các bà ấy / giám đốc
→ ____________ ____________

잠깐 'A là B phải không?'으로 질문했을 때 Yes 대답은 'phải', No 대답은 'không phải'로 하면 됩니다.

2 다음 예와 같이 문장을 의문문으로 바꾸세요.

예 chị / công an → Chị là công an. Chị là công an phải không?

❶ anh ấy / luật sư
→ ____________ ____________

❷ ông / đầu bếp
→ ____________ ____________

❸ bạn / sinh viên
→ ____________ ____________

❹ các chị ấy / cảnh sát
→ ____________ ____________

단어

luật sư 변호사 đầu bếp 셰프, 요리사 sinh viên 대학생 cảnh sát 경찰(=công an)

말하기

MP3 01-04

1 다음 문장을 3번씩 발음해 보세요.

Bạn là người nước nào?

Chị là nhân viên công ty.

Bạn tên là Hoa phải không?

2 다음 패턴으로 말해 보세요.

A: Bạn là người nước nào?

B: Mình là người Hàn Quốc.

❶ người Pháp
❷ người Việt Nam
❸ người Trung Quốc
❹ người Mỹ

3 다음 패턴으로 말해 보세요.

A: Chị là nhân viên công ty phải không?

B: Phải, chị là nhân viên công ty.

Không phải, chị không phải là nhân viên công ty.

❶ anh ấy / luật sư
❷ ông / giám đốc
❸ em / học sinh
❹ bà / ca sĩ

듣기

MP3 01-05

1 잘 듣고 빈칸에 알맞은 자음을 보기에서 골라 써 넣으세요.

보기 Ph H Nh Tr Th

❶ _____ái Lan
❷ _____áp
❸ _____àn Quốc
❹ _____ung Quốc
❺ _____ật Bản

2 잘 듣고 빈칸에 알맞은 단어를 써 넣으세요.

❶ Bạn là người [ ] nào?
❷ Chị là nhân viên công ty [ ]?
❸ Anh ấy [ ] là luật sư.

3 다음 질문을 듣고 알맞은 답을 고르세요.

질문 ____________________

❶ Mình là người Hàn Quốc.
❷ Không phải, ông ấy là giám đốc.
❸ Phải, em là học sinh.

읽기

MP3 01-06

Chào các bạn! Xin tự giới thiệu.

안녕하세요, 여러분! 자기소개를 하겠습니다.

Tôi tên là Yu-na. Tôi là người Hàn Quốc.

나의 이름은 유나입니다. 나는 한국 사람입니다.

Các bạn là người nước nào?

여러분은 어느 나라 사람인가요?

Tôi không phải là học sinh. Tôi là sinh viên.

나는 학생이 아닙니다. 나는 대학생입니다.

Tôi học tiếng Việt. Tiếng Việt rất thú vị.

나는 베트남어를 공부합니다. 베트남어는 매우 재미있어요.

단어

tự 스스로 giới thiệu 소개하다 học 공부하다 tiếng Việt 베트남어 thú vị 재미있다

쓰기

1 다음 문장을 따라 써 보세요.

Chào các bạn! Xin tự giới thiệu.

✎ ....

Tôi tên là Yu-na.

✎ ....

Tôi là người Hàn Quốc.

✎ ....

Các bạn là người nước nào?

✎ ....

Tôi không phải là học sinh.

✎ ....

Tôi là sinh viên.

✎ ....

Tôi học tiếng Việt.

✎ ....

Tiếng Việt rất thú vị.

✎ ....

2 다음 문장을 베트남어로 써 보세요.

(친구야) 안녕. ✎ ....

할아버지, 감사합니다. ✎ ....

미안합니다. ✎ ....

만나서 반갑습니다. ✎ ....

묘하게 느껴지는 거리감, 그건 바로 호칭 변화?

베트남 사람들에게 호칭은 단순히 상대방을 부르는 명칭 그 이상의 의미를 지니고 있습니다. 호칭이 그 사람과의 관계성을 나타내기 때문이죠. 관계가 형성되어 가면서 호칭이 변하는 만큼, 관계가 틀어지거나 멀어지면 제일 먼저 호칭에서 변화가 나타나기도 합니다.

예) 친구 사이

22세 남학생 민수는 동갑인 22세 여학생 Hà 씨와 친해져서 친구가 되었습니다. 이때 민수는 Hà 씨를 'bạn'으로 부르고 Hà 씨와 대화할 때 자기 자신을 칭하는 1인칭을 'mình'으로 써야 합니다. 만약 더 친해 진다면 bạn이 아닌 'cậu'로 Hà 씨를 부르고 자신을 칭할 때도 mình이 아닌 'tớ'를 사용해야 합니다. 이렇게 친구 관계에서도 친분에 따른 호칭의 변화가 일어납니다. 만약 이때 주로 책에서 접한 1인칭 'tôi'를 쓰게 된다면 '나는 너의 친구가 아니라 그냥 아는 사람 혹은 관계없는 사람일 뿐이야'라는 느낌을 Hà 씨에게 주게 됩니다. 그럼 Hà 씨는 불편하겠지요. 이런 경우 오해를 살 수 있으니 1인칭을 'mình' 또는 'tớ'로 사용해야 해요.

예) 하숙집 주인아저씨와 나

여러분이 베트남에서 하숙집을 구해서 사는 경우로 생각해 볼게요. 처음에는 서먹했지만, 하숙집 주인아저씨와 친해지면서 호칭을 'chú'(작은아버지 혹은 작은아버지뻘의 남성을 부르는 호칭) – 'cháu'(손자 혹은 조카)로 쓰게 되었습니다. 마치 친척처럼 좋은 관계가 형성되었음을 나타내는데요, 그런데 여러분이 모종의 이유로 하숙비 지불이 밀려 있는 상황이라면 주인 아저씨가 이것을 괘씸하게 여겨 여러분을 더 이상 조카로 생각하지 않을 수도 있겠죠. 이때 주인 아저씨는 여러분을 더 이상 cháu라고 부르지 않을 것이고 ('anh', 'chị' 등 다른 호칭을 사용할 수 있어요.) 자신을 칭할 때도 더 이상 chú라고 하지 않고 'tôi'라고 할겁니다. 이 호칭이 아저씨의 심경 변화를 눈치 챌 수 있는 부분이죠.

베트남의 호칭은 복잡하고 어렵지만, 가족 같으면서도 때론 남같이 애매한 베트남 사람들의 관계를 잘 풀어주고 있는 부분입니다. 어렵지만 베트남 사회를 더 잘 이해하고 당당한 일원이 되기 위해서 꼭 마스터해야 하는 내용입니다. 힘내요!

만능 베트남어

베트남 사람을 기쁘게 하는 한마디! 함께 배워요!

Tốt quá!
똣 꾸아

너무 좋아요! / 아주 잘해요!

상대방의 제안을 수락하는 말로 흔쾌히 OK 하는 긍정적인 말이에요.
어떤 이야기를 들었을 때 긍정적인 반응을 하거나, 잘한다고 칭찬을 해 주는 표현이기도 합니다.
올라가는 성조 (dấu sắc)가 연달아 나와 긍정적인 느낌을 더 강조해 주지요.
누군가의 제안에 OK 할 때 더 길게 말하고 싶다면

"Như thế thì tốt quá nhỉ."
뉴 테 티 똣 꾸아 니

그러면 너무 좋네요.

이렇게 표현해도 됩니다. 듣는 베트남 사람들은 매우 좋아할 거예요.

어떤 상황에서 쓸까요?

- 한국어 잘한다고 칭찬해 줄 때
- 주말에 영화 보러 가자고 했을 때
- 좋은 방법을 추천해 주었을 때
- 판매원이 깎아 주겠다고 했을 때
- 길을 물어보니 따라오라고 안내해 주겠다고 했을 때

모두

Tốt quá!

아오자이는 매우 예뻐요!

Áo dài rất đẹp!

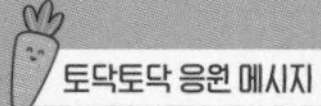

처음 시작하는 1과가 좀 어려웠나요?

잘 버티셨어요. 그래도 이제부터는 좀 더 쉬운 내용입니다.

형용사가 서술어가 되는 형용사 문장을 알아볼 텐데요.

이번 과에선 단어의 형태가 한번 정해지면 활용하지 않는

매력적인 특징을 가진 베트남어 문법을 소개하려 합니다.

2과를 마스터하면 명사의 성질, 상태를 아주 간단하고 효

과적으로 표현할 수 있을 거예요!

그럼 힘차게 시작해 봅시다!

01 지난 과 복습

1 보기에서 알맞은 단어를 골라 빈칸에 써 넣으세요.

보기 Hàn Quốc Việt Nam Trung Quốc Pháp

❶ 한국 ______ ❷ 프랑스 ______
❸ 베트남 ______ ❹ 중국 ______

보기 giáo viên bác sĩ học sinh công an

❶ 학생 ______ ❷ 의사 ______
❸ 선생님 ______ ❹ 경찰 ______

2 다음 문장을 베트남어로 완성하세요.

❶ 나는 한국 사람입니다. Tôi là người ______.

❷ 나는 베트남 사람입니다. Tôi là ______.

❸ 당신은요? ______.

❹ 감사합니다. ______.

❺ 오빠 안녕하세요. ______.

❻ 만나서 반갑습니다. Rất vui ______ bạn.

❼ 친구는 이름이 무엇인가요? Bạn ______ là gì?

❽ 나는 의사가 아닙니다. Tôi ______ là bác sĩ.

단어

MP3 02-01

기본 형용사

đẹp 뎁	예쁘다, 좋다	↔	**xấu** 써우	못생기다, 나쁘다
cao 까오	높다, 키가 크다	↔	**thấp** 텁	낮다, 키가 작다
xa 싸	멀다	↔	**gần** 건	가깝다
đắt 닷	비싸다	↔	**rẻ** 재(래)	싸다
khó 코	어렵다	↔	**dễ** 재(얘)	쉽다
khỏe 코애	건강하다	↔	**yếu** 이에우	약하다
nhiều 니에우	많다	↔	**ít** 잇	적다

정도부사

'매우 예쁘다.', '아주 맛있다.' 등 형용사가 얼마큼 ~한지 정도를 나타내는 말입니다.

hơi 허이 — 약간, 조금

khá 카 — 꽤, 상당히

rất 젓(럿) — 매우, 아주, 무척

\+ **피수식어** 꾸밈을 받는 말

피수식어 +

quá 꾸아 — 매우, 아주, 무척

lắm 람 — 매우, 아주, 무척

03 단어 연습

1 다음 그림을 보고 알맞은 형용사를 써 넣으세요.

❶ ____________________

❷ ____________________

❸ ____________________

❹ ____________________

2 다음 중 맞는 것에 O, 틀린 것에 × 하세요.

❶ 매우 싸다. → rất cao. (　　　)

❷ 약간 작다. → hơi nhỏ. (　　　)

❸ 무척 많다. → khá lớn. (　　　)

❹ 매우 건강하다. → khỏe lắm. (　　　)

❺ 약간 어렵다. → hơi khó. (　　　)

❻ 꽤 많다. → khá nhiều. (　　　)

04 문장

Áo dài đẹp. 아오자이는 예쁘다.
아오 자이(야이) 뎁

Áo dài không đẹp. 아오자이는 예쁘지 않다.
아오 자이(야이) 콩 뎁

Anh ấy rất cao. 그 형(오빠)은 키가 매우 큽니다.

Túi xách này đắt lắm. 이 가방은 매우 비싸요.

형용사 문장은 '주어 + 형용사'로 표현해요. 형용사 문장의 부정문은 부정사 'không'을 형용사(서술어) 앞에 위치시켜요. 정도부사를 사용할 땐 각각의 어순에 주의해야 합니다.

잠깐
베트남어에서는 형용사 단어가 문장에서 바로 서술어로 사용됩니다. be동사가 필요한 영어와는 달라요.

A: **Nón lá có đắt không?** 논라는 비싸나요?
논 라 꼬 닷 콩

B: **Có, nón lá rất đắt.** 네, 논라는 매우 비싸요.
꼬 논 라 젓(럿) 닷

B1: **Không, nón lá không đắt lắm.**
콩 논 라 콩 닷 람

아니요, 논라는 그다지 비싸지 않아요.

형용사 문장의 의문문은 'có ~ không'으로 만들어요. 'rất'은 형용사 앞에 위치하여 '매우'라는 뜻이에요. yes 대답은 'có', 부정의 대답은 'không'으로 해요. '그다지 ~하지 않다'라는 표현은 'không ~ lắm'입니다. 이때 không rất과 không ~ quá는 사용하지 않으니 주의해 주세요.

단어

túi xách 가방 này (지시사) 이 nón lá 논라(베트남 전통 모자)

05 문장 연습

1 아래 단어를 활용하여 문장을 만드세요.

명사

công ty 회사
tôi 나
cái này 이것

형용사

to 크다
khỏe 건강하다
xa 멀다

예 Công ty xa. 회사는 멀다.

______________________ ______________________

______________________ ______________________

명사

hoa 꽃
túi xách 가방
núi 산

형용사

đắt 비싸다
cao 높다
đẹp 예쁘다

예 Hoa rất đẹp. 꽃은 매우 예쁘다.

______________________ ______________________

______________________ ______________________

06 회화

MP3 02-03

Hoa　Chào anh. Anh có khỏe không ạ?

Ji-min　Cám ơn em. Anh khỏe. Còn em, em thế nào?

Hoa　Cám ơn anh. Em cũng khỏe ạ.

Ji-min　Ôi, áo dài của em đẹp quá.

Áo dài có đắt không?

Hoa　Không, áo dài không đắt lắm.

호아　안녕하세요. 오빠는 잘 지내시나요?

지민　고마워. 나는 잘 지내. 너는, 너는 어떠니?

호아　고마워요, 오빠. 저도 잘 지내요.

지민　와, 너의 아오자이 무척 예쁘다.

아오자이는 비싸니?

호아　아니요. 아오자이는 그다지 비싸지 않아요.

07 회화 연습

본문을 소리 내어 5번 읽고 아래와 같이 동그라미 해주세요!

Hoa	Chào anh. Anh có khỏe không ạ? 짜오 아잉(안) 아잉(안) 꼬 코애 콩 아	'có khỏe không'은 '건강하십니까?'라는 뜻도 있지만 잘 지냈는지 안부를 묻는 표현으로 자주 사용됩니다. khỏe 건강하다
Ji-min	Cám ơn em. Anh khỏe. 깜 언 앰 아잉(안) 코애	친한 사이의 상대방과 대화할 때 '나'를 칭하는 호칭은 상대방이 나를 불러준 호칭을 그대로 씁니다. (이 대화에서는 'anh') 만약 'tôi'를 쓰게 되면 다정하지 않으며 친구가 아니라는 느낌을 줍니다.
	Còn em, em thế nào? 꼰 앰 앰 테 나오	'thế nào'는 주어 뒤에 위치하며 '주어는 어때요?'라는 뜻입니다. còn + 2인칭 2인칭은요? thế nào 어때요?
Hoa	Cám ơn anh. Em cũng khỏe ạ. 깜 언 아잉(안) 앰 꿍 코애 아	'ạ'는 문장 끝에 위치하여 높임말을 만듭니다. cũng 역시, 또한
Ji-min	Ôi, áo dài của em đẹp quá. 오이 아오자이(야이) 꾸어 앰 댑 꾸아	'của'는 명사와 명사 사이에 위치하며 소유격을 나타냅니다. 'A của B = B의 A'로 해석합니다. ôi 와(놀람 표현) của ~의 đẹp 예쁘다
	Áo dài có đắt không? 아오 자이(야이) 꼬 닷 콩	
Hoa	Không, áo dài không đắt lắm. 콩 아오자이(야이) 콩 닷 람	không ~ lắm 그다지 ~하지 않다

문법

형용사 문장

주어 + **형용사** 주어는 형용사 하다.

형용사 문장은 형용사가 서술어가 되는 문장이에요. '주어가 형용사 하다'로 해석하며 영어처럼 be동사가 필요하지 않아요.

Núi Hanla cao. 한라산은 높아요.

주어 + **không** + **형용사** 주어는 형용사 하지 않다.

부정문은 서술어인 형용사 앞에 'không'을 붙여 만들어요.

Núi Hanla không cao. 한라산은 높지 않아요.

주어 + **có** + **형용사** + **không?** 주어는 형용사 합니까?

의문문은 서술어인 형용사 앞에 'có'를, 문장 끝에는 'không'을 붙여 만들어요.
이때 'có'는 생략 가능해요.

Núi Hanla có cao không? 한라산은 높은가요?

기본 접속사

순접	역접	화제 전환
và	nhưng	còn
와/과, 그리고	그러나	그리고, 그러나, 그러면

tôi và các bạn tôi 나와 내 친구들.

Áo dài đẹp nhưng đắt. 아오자이는 예쁘지만 비싸다.

Chị rất khỏe, còn em? 언니는 매우 건강해, 너는?

09 문법 연습

1 다음 예와 같은 형태로 형용사의 부정형, 반대어를 써 넣으세요.

		부정형	반대어
예	đẹp →	không đẹp	xấu
❶	đắt →		
❷	khó →		
❸	xa →		
❹	cao →		

2 다음 예와 같이 문장을 완성하고 완성한 문장을 의문문으로 바꾸세요.

예 nón lá / rẻ → Nón lá rất rẻ. Nón lá có rẻ không?

❶ tiếng Việt / hay

→ ______ ______

❷ bạn ấy / thân thiện

→ ______ ______

❸ Việt Nam / nóng

→ ______ ______

❹ mùa đông / lạnh

→ ______ ______

단어

hay 재미있다 thân thiện 친절하다 nóng 덥다 mùa đông 겨울 lạnh 춥다

말하기

MP3 02-04

1 다음 문장을 3번씩 발음해 보세요.

Áo dài rất đẹp và rẻ.

Người Việt Nam có thân thiện không?

Tiếng Việt rất khó nhưng thú vị.

2 다음 패턴으로 말해 보세요.

A: Áo dài có đẹp không?

B: Có, áo dài rất đẹp.

❶ người Việt Nam / thân thiện
❷ túi xách này / đắt
❸ tiếng Việt / thú vị
❹ nón lá / rẻ

3 다음 패턴으로 말해 보세요.

A: Núi Hanla có cao không?

B: Không, núi Hanla không cao lắm.

❶ Việt Nam / nóng
❷ mùa đông Hàn Quốc / lạnh
❸ công ty / xa
❹ tiếng Việt / dễ

단어

này (지시사) 이 thú vị 재미있다 công ty 회사 mùa đông 겨울 lạnh 춥다

듣기

MP3 02-05

1 잘 듣고 보기에서 알맞은 자음을 골라 써 넣으세요.

보기 a ắ iều ỏe ầ

❶ g___n
❷ nh___
❸ kh___
❹ đ___t
❺ x___

2 잘 듣고 빈칸에 알맞은 단어를 써 넣으세요.

❶ Áo dài có [ ] không?
❷ Anh ấy có [ ] không?
❸ Chị ấy có [ ] không?

3 다음 질문을 듣고 알맞은 답을 고르세요.

질문 ____________________

❶ Không phải. Chị ấy không phải là học sinh.
❷ Có, mùa đông Hàn Quốc rất lạnh.
❸ Không, em không khỏe lắm.

읽기

MP3 02-06

Áo dài Việt Nam rất đẹp.

베트남 아오자이는 매우 아름답다.

Áo dài không đắt lắm.

아오자이는 그다지 비싸지 않다.

Nón lá cũng rất rẻ.

논라 역시 매우 싸다.

Tiếng Việt khó nhưng rất thú vị.

베트남어는 어렵지만 매우 재미있다.

Bạn tôi là người Việt Nam.

내 친구는 베트남 사람이다.

Người Việt Nam rất thân thiện.

베트남 사람은 매우 친절하다.

단어

cũng 역시, 또한 nhưng (접속사) 그러나 thú vị 재미있다 thân thiện 친절하다

쓰기

1 다음 문장을 따라 써 보세요.

Áo dài Việt Nam rất đẹp.

✎ ....

Áo dài không đắt lắm.

✎ ....

Nón lá cũng rất rẻ.

✎ ....

Tiếng Việt khó nhưng rất thú vị.

✎ ....

Bạn tôi là người Việt Nam.

✎ ....

Người Việt Nam rất thân thiện.

✎ ....

2 다음 문장을 베트남어로 써 보세요.

한복은 아름답니?

✎ ....

한국 사람도 매우 친절합니다.

✎ ....

베트남어는 재미있습니다.

✎ ....

단어

Hanbok 한복 thân thiện 친절하다 thú vị 재미있다

14 문화

매력적인 베트남 전통 의상 áo dài(아오자이)

베트남을 대표하는 전통 의상 '아오자이(áo dài)'는 독특한 스타일로 전세계 사람들에게 사랑받고 있습니다. 아오자이는 '윗옷(áo : 아오)'이라는 단어와 '길다(dài : 길다)'라는 단어가 합쳐져서 만들어졌습니다. 긴 윗옷이라는 뜻이지요. 얼핏 보면 원피스로 보이지만 실제로는 긴 상의와 통이 큰 바지로 이루어져 있답니다.

아오자이는 전통 명절 뿐만 아니라 유니폼, 교복 등 실생활에서도 많이 활용됩니다. 베트남에서는 주로 결혼하지 않은 여성이 흰색 아오자이를 입고, 결혼한 여성은 색이 있는 아오자이를 입습니다. 베트남 남부지역에서는 아오자이가 여학생 고등학교 교복으로 활용되기도 해요. 흰색 아오자이를 입고 자전거를 끌면서 친구들과 함께 걸어가는 여학생들을 베트남 거리에서 많이 볼 수 있습니다.

아오자이는 기성복으로 판매되기도 하고 맞춤옷을 파는 가게에서도 살 수 있습니다. 신체에 밀착되는 옷이기 때문에 베트남 여성들은 주로 아오자이를 맞추어 입습니다. 아오자이를 맞출 때는 신체 17부위의 사이즈를 재서 만든다고 하니 엄청난 수공예 기술이 들어가겠지요?

또한 베트남 여성들만 아오자이를 입는 건 아닙니다. 베트남 남성들도 전통적인 명절 행사, 결혼식 등에서 아오자이를 착용한답니다. 전통 의상이지만 실생활에서도 널리 활용되는 베트남의 멋진 아오자이, 베트남을 방문하시면 한번 입어 보시는 것도 좋은 추억이 될 거예요.

15 만능 베트남어

베트남 친구의 의견과 느낌이 어떤지 궁금할 때
함께 사용해 봐요.

주어 + thế nào?
테 나오

주어는 어때요?

상대방의 의견과 느낌을 묻는 질문으로 간단하게 핵심 내용을 빨리 알 수 있어요.
또한 주어의 상태에 대해서도 궁금증을 풀 수 있습니다.
좀 더 확실하게 말하고 싶다면

"Theo bạn, 주어 thế nào?"
태오 반 테 나오

너에게는 주어는 어때?

이렇게 표현해도 됩니다.
베트남 친구의 생각을 더 깊이 알 수 있을 거예요.

어떤 상황에서 쓸까요?

- 한국 음식에 대한 생각이 궁금할 때
- 오늘 날씨가 궁금할 때
- 안부가 궁금할 때
- 쇼핑하다가 좋은 물건을 권할 때
- 한국 드라마에 대한 의견이 궁금할 때
- 약속 장소를 정할 때

모두

주어 + thế nào?

나는 망고가 좋아요.

Tôi thích quả xoài.

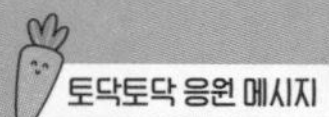

벌써 3과입니다! 베트남어의 중요한 문형과 단어를 익히는 과정에 있군요! 이번 과를 배우면 베트남에서 맛있는 과일을 먹을 수 있고 귀여운 동물들을 불러 볼 수도 있습니다. 'Ngon' '맛있다!'라는 표현을 쓸 수 있는 과일과 'Dễ thương' '귀엽다!'라는 표현을 쓸 수 있는 동물, 마지막으로 베트남어에서 정말 중요한 종별사라는 개념까지 함께 달려볼까요?

01 지난 과 복습

1 보기에서 알맞은 단어를 골라 빈칸에 써 넣으세요.

보기 khó đẹp khỏe gần

❶ 건강하다 [ ] ❷ 가깝다 [ ]

❸ 예쁘다, 좋다 [ ] ❹ 어렵다 [ ]

보기 rất quá lắm hơi khá

❶ 매우, 아주, 무척 [ ] ❷ 약간 [ ]

❸ 꽤, 상당히 [ ]

2 다음 문장을 베트남어로 완성하세요.

❶ 아오자이는 예쁘지 않아요. Áo dài ________ đẹp.

❷ 논라는 비싸나요? Nón lá có ________ không?

❸ 누나는 잘 지내나요? ________?

❹ 너는 어때? ________?

❺ 저도 잘 지내요. ________.

❻ 베트남 사람들은 매우 친절하다. Người Việt Nam ________ thân thiện.

❼ 베트남어는 어렵지만 매우 재미있다. Tiếng Việt khó ________ rất thú vị.

❽ 아오자이는 그다지 비싸지 않다. Áo dài ________ đắt ________.

단어

MP3 03-01

과일

táo 따오	사과	**chuối** 쭈오이	바나나
xoài 쏘아이	망고	**dừa** 즈어(이으어)	코코넛
cam 깜	오렌지	**bơ** 버	아보카도
nho 뇨	포도	**chanh** 짜잉(짠)	레몬
dâu tây 저우(여우) 떠이	딸기	**dưa hấu** 즈어(이으어) 허우	수박

동물

chó 쪼	개	**mèo** 매오	고양이
chim 찜	새	**bò** 버	소
thỏ 토	토끼	**gà** 가	닭
lợn / heo 런 해오	돼지	**hổ** 호	호랑이

종별사

명사 앞에 위치하여 명사의 종류를 나타내는 역할을 합니다.

03 단어 연습

1 바구니 안에 있는 과일 이름에 동그라미 하세요.

táo chuối
dâu tây xoài
cam nho
dưa hấu dừa

2 나무와 함께 있는 동물 이름에 동그라미 하세요.

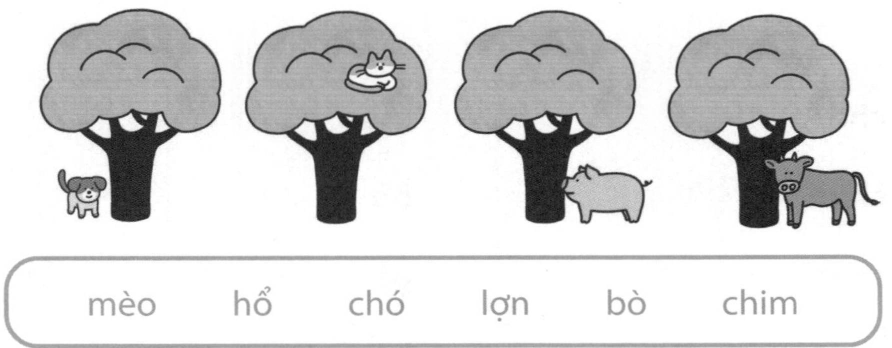

mèo hổ chó lợn bò chim

3 다음 명사 앞에 알맞은 종별사를 쓰세요.

❶ ____ áo dài

❷ ____ thỏ

❸ ____ xoài

❹ ____ chim

04 문장

A: **Bạn thích quả gì?** 너는 어떤 과일을 좋아해?
반 틱 꾸아 지

B: **Mình thích quả xoài.** 나는 망고가 좋아.
밍 틱 꾸아 쏘아이

'quả'가 명사 앞에 위치할 때는 과일을 나타내는 종별사로 쓰여 해석을 하지 않지만 명사로 쓰이면 '과일'이라는 뜻을 가집니다. 다른 종별사 'cái', 'con' 역시 명사로 쓰일 때는 '것(무생물) / 동물, 것(생물)'이라는 뜻을 가집니다.

Con này là con gì? 이것(이 동물)은 무엇(무슨 동물)이에요?

Con này là con khỉ. 이 동물은 원숭이예요.

잠깐
cái, con, quả가 종별사로 쓰일 때는 명사 앞에 위치하여 종류를 알려주는 기능만 하고 해석하지 않아요!

Chị có 1 quả táo. 언니는 사과 한 개를 가지고 있어.
찌 꼬 못 꾸아 따오

Em không có con mèo. 저는 고양이가 없어요.
앰 콩 꼬 꼰 매오

동사 'có'는 '~있다, 가지고 있다, 소유하고 있다'라는 뜻입니다. 부정은 'không'을 có앞에 붙여 'không có' 형태로 사용합니다.

앞에서 배운 종별사들이 〈숫자 + 종별사 + 명사〉 형태로 쓰이면 여기서 종별사는 숫자를 세는 단위성 명사로 쓰입니다.

2 con chó 개 두 마리

1 cái túi xách 가방 한 개

단어

thích 좋아하다 gì 무엇 này (지시사) 이 khỉ 원숭이 một 숫자 1 túi xách 가방

05 문장 연습

1 다음 질문에 대한 답을 써 넣으세요.

Bạn thích quả gì? 어떤 과일을 좋아해?

예 dâu tây  → Mình thích quả dâu tây. 나는 딸기를 좋아해.

chuối  → ______________ 나는 바나나를 좋아해.

dưa hấu  → ______________ 나는 수박을 좋아해.

Con này là con gì? 이 동물은 무슨 동물이야?

예 chó  → Con này là con chó. 이 동물은 개야.

thỏ (토끼)  → ______________ 이 동물은 토끼야.

hổ (호랑이)  → ______________ 이 동물은 호랑이야.

2 다음 문장을 읽고 하나 언니(누나)가 무엇을 몇 개 가지고 있는지 써 넣으세요.

Chị Hana có một quả cam.
Chị ấy cũng có một cái túi xách.
nhưng chị ấy không có con mèo.

품목	오렌지	가방	고양이
có/không			
몇 개			

단어

chị ấy 그녀, 그 언니, 그 누나 cũng 역시, 또한 túi xách 가방 nhưng (접속사) 그러나, 하지만

회화

MP3 03-03

Jun-su　Chị Hà ơi, chị thích quả gì?

Hà　Chị thích quả xoài. Vì xoài ngon lắm. Còn em?

Jun-su　Em thích quả dừa và cam.

Hà　Vì sao?

Jun-su　Vì em thích nước dừa và nước cam.

Hà　Nhà em có con mèo không?

Jun-su　Dạ, có. Nhà em có 1 con mèo. Nó rất dễ thương.

준수　하 누나, 누나는 어떤 과일을 좋아해요?

하　누나는 망고를 좋아해.
왜냐하면 망고는 매우 맛있거든. 너는?

준수　저는 코코넛이랑 오렌지를 좋아해요.

하　왜?

준수　왜냐하면 저는 코코넛 주스와 오렌지 주스를 좋아하거든요.

하　너희 집에는 고양이가 있어?

준수　네, 있어요. 저희 집에 고양이가 한 마리 있어요.
그(그 고양이)는 매우 귀여워요.

07 회화 연습

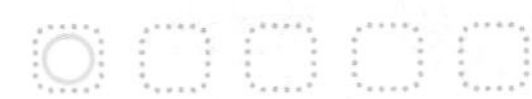

본문을 소리 내어 5번 읽고 아래와 같이 동그라미 해주세요!

Jun-su **Chị Hà ơi, chị thích quả gì?**
찌 하 어이 찌 틱 꾸아 지

누군가를 부를 때 호칭 뒤에 'ơi'를 씁니다.

ơi 누구야, 저기요

Hà **Chị thích quả xoài.**
찌 틱 꾸아 쏘아이

친한 사이의 상대방과 대화할 때 '나'를 칭하는 호칭은 상대방이 '나'를 불러준 호칭을 그대로 씁니다. (이 대화에서는 'chị') 만약 'tôi'를 쓰게 되면 다정하지 않으며 친구가 아니라는 느낌을 줍니다.

Vì xoài ngon lắm.
비 쏘아이 응온 람

'vì'는 이유, 원인을 나타내는 접속사입니다.

vì 왜냐하면 ~때문이다 **ngon** 맛있다 **lắm** 매우

Còn em?
꼰 앰

Jun-su **Em thích quả dừa và cam.**
앰 틱 꾸아 즈에(이으어) 바 깜

*주의해야 할 과일 이름

멜론	파인애플	코코넛
dưa	dứa(=thơm)	dừa

và 와, 과

Hà **Vì sao?**
비 싸오

'vì sao'는 의문사로 '왜?'라는 뜻입니다. 이유나 원인을 물을 때 사용합니다.

vì sao 왜

Jun-su **Vì em thích nước dừa và nước cam.**
비 앰 틱 느억 즈에(이으어) 바 느억 깜

Hà **Nhà em có con mèo không?**
냐 앰 꼬 꼰 매오 콩

'có+명사+không?'은 '명사가 있습니까?', '명사를 가지고 있습니까?' 라는 소유를 묻는 질문입니다.

nhà 집

Jun-su **Dạ, có. Nhà em có 1 con mèo.**
자(야) 꼬 냐 앰 꼬 못 꼰 매오

'nhà em'은 'nhà của em'에서 'của' '~의'가 생략되었어요.

Nó rất dễ thương.
노 젓(럿) 재(얘) 트엉

'nó'는 말하는 사람보다 어린 사람, 동물, 사물 등을 칭하는 지시대명사입니다.

nhà 집 **1 một** 숫자 1 **nó** 그것, 그 **dễ thương** 귀엽다

잠깐

'có + 명사 + không?'으로 질문했을 때 Yes 대답은 'có', No 대답은 'không'으로 하면 됩니다.

문법

~가 있다

주어 + có + 명사 주어는 명사를 가지고 있다.

'có'는 동사로 쓰이면 '~가 있다, ~을/를 가지고 있다'라는 뜻입니다.

Tôi có tiền. 나는 돈이 있다.

주어 + không có + 명사 주어는 명사를 가지고 있지 않다.

부정문은 서술어인 có 앞에 'không'을 붙여 만들어요.

Tôi không có tiền. 나는 돈이 없다.

주어 + có + 명사 + không? 주어는 명사가 있습니까?

의문문은 문장 끝에 không을 붙여 만들어요. 이때 có는 생략 불가능해요.

Bạn có tiền không ? 친구는 돈이 있어?

기본 종별사

무생물	생물	과일/구 형태	책	차량/낱개	종이
cái	con	quả/trái	quyển/cuốn	chiếc	tờ
가방, 책상, 옷 등의 사물	사람, 동물, 곤충	과일 및 공과 같은 구 형태의 사물	책, 공책, 잡지	자전거, 자동차, 버스 등 교통 수단, 세트 중 낱개	종이, 돈 등의 지류

cái bàn và cái ghế 책상과 의자

2 quyển sách 책 두 권

tờ tiền 지폐

단어

tiền 돈 bàn 책상 ghế 의자 sách 책

09 문법 연습

1 다음 예와 같은 형태로 문장을 부정문과 의문문으로 써 넣으세요.

		부정문	의문문
예 Anh Minh có bạn.	↔	Anh ấy không có bạn.	Anh ấy có bạn không?

❶ Chị Hoa có tiền.

↔ ______________________ ______________________

❷ Em Hùng có xe đạp.

↔ ______________________ ______________________

❸ Bạn Xuân có bạn gái.

↔ ______________________ ______________________

❹ Anh Hoà có người yêu.

↔ ______________________ ______________________

2 다음 예와 같이 문장을 완성하세요.

예 tôi / 2 quyển sách → Tôi có 2 quyển sách.

❶ bạn tôi / 1 quả dưa hấu → ______________________

❷ anh ấy / 3 tờ giấy → ______________________

❸ em ấy / 1 chiếc xe đạp → ______________________

❹ chị ấy / 1 chiếc áo dài → ______________________

단어

xe đạp 자전거 bạn gái 여자친구 người yêu 애인 sách 책 dưa hấu 수박 giấy 종이 áo dài 아오자이

말하기

MP3 03-04

1 다음 문장을 3번씩 발음해 보세요.

Tôi có nhiều bạn.

Nhà tôi có một con mèo và một con chó.

Vì sao bạn thích con mèo?

2 다음 패턴으로 말해 보세요.

A: Anh có xe đạp không?

B: Có, anh có xe đạp.

❶ bạn / xe đạp
❷ chị / tiền
❸ anh / bạn gái
❹ em / sách tiếng Việt

3 다음 패턴으로 말해 보세요.

A: Bạn thích quả gì?

B: Mình thích quả chôm chôm.

❶ anh / con - anh / con mèo
❷ chị / mùa - chị / mùa xuân
❸ em / cái - em / cái này
❹ anh / màu - anh / màu trắng

단어

nhiều (형용사) 많다 xe đạp 자전거 tiền 돈 bạn gái 여자친구 sách tiếng Việt 베트남어 책 chôm chôm 람부탄(과일) mùa 계절 mùa xuân 봄 này (지시사) 이 màu 색깔 màu trắng 흰색

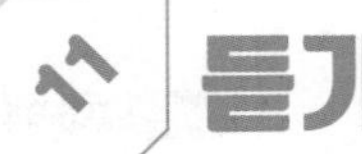

듣기

MP3 03-05

1 잘 듣고 보기에서 알맞은 모음과 성조를 골라 써 넣으세요.

보기 oài ạ yể í iề

❶ xe đ___p

❷ qu____n

❸ th___ch

❹ x_____

❺ t____n

2 잘 듣고 빈칸에 알맞은 단어를 써 넣으세요.

❶ Bạn có [   ] không?

❷ Anh ấy thích [   ] gì?

❸ Chị ấy có 3 [   ] sách.

3 다음 질문을 듣고 알맞은 답을 고르세요.

질문 __________

❶ Có. Chị rất thích con mèo nên nhà chị có 2 con mèo.

❷ Không có. Vì anh thích quả cam.

❸ Tôi có nhiều tiền.

읽기

MP3 03-06

Tôi rất thích trái cây.

나는 과일을 매우 좋아한다.

Tôi thích quả cam, xoài, táo v.v...

나는 오렌지, 망고, 사과 등을 좋아한다.

Vì trái cây ngon và rẻ.

왜냐하면 과일은 맛있고 싸기 때문이다.

Tôi cũng thích con chó và con mèo.

나는 또한 개와 고양이도 좋아한다.

Vì mẹ tôi không thích con vật nên nhà tôi không có chó và mèo.

우리 엄마가 동물을 좋아하지 않기 때문에 그래서 우리 집에는 개와 고양이가 없다.

Bạn tôi có một con chó và hai con mèo.

내 친구는 개 한 마리와 고양이 두 마리가 있다.

단어

trái cây(=hoa quả) 과일 v.v... (vân vân) 기타 등등 ngon 맛있다 rẻ 싸다 cũng 역시, 또한 và 그리고, 와, 과 vì A nên B A하기 때문에 그래서 B하다 mẹ tôi 우리 엄마 con vật 동물 nhà 집 một 숫자 1 hai 숫자 2

쓰기

1 다음 문장을 따라 써 보세요.

Tôi rất thích trái cây.

✎ ....

Tôi thích quả cam, xoài, táo v.v...

✎ ....

Vì trái cây ngon và rẻ.

✎ ....

Tôi cũng thích con chó và con mèo.

✎ ....

Vì mẹ tôi không thích con vật nên nhà tôi không có chó và mèo.

✎ ....

Bạn tôi có một con chó và hai con mèo.

✎ ....

2 다음 문장을 베트남어로 써 보세요.

너는 베트남 친구가 있니?

✎ ....

나는 사과를 매우 좋아한다.

✎ ....

나는 고양이는 없고 개 한 마리가 있다.

✎ ....

단어

bạn người Việt Nam 베트남 친구　táo 사과　một con chó 개 한 마리

문화

베트남의 십이간지

우리나라처럼 베트남에도 십이지 동물을 이용한 띠 문화가 있습니다. 베트남 사람들은 십이지신의 띠 및 별자리 등의 궁합을 많이 믿는다고 해요. 그래서 나이를 이야기할 때 띠로 이야기해도 됩니다.

자! 여기서 놀랄 만한 사실은 십이간지를 구성하는 동물이 우리나라와 다르다는 것입니다. 먼저 베트남에서 소는 우리나라처럼 황소가 아니라 뿔이 아주 크게 솟아 있는 물소입니다. 또한 토끼띠가 없고 그 자리를 고양이가, 양 대신에 염소가 차지하고 있습니다. 베트남에서는 토끼보다 고양이를 더 좋아하고, 양이 거의 없는 대신 염소가 많이 서식하기 때문입니다. 그리고 황소보다 베트남 사람들에게 익숙한 물소가 십이지신에 들어가 있습니다. 그럼 띠를 물어볼 때 베트남어로 어떻게 하면 좋을까요?

Bạn tuổi (con) gì ?
반 뚜오이 꼰 지(이)

'tuổi' '나이'라는 단어 뒤에 의문사 'gì'를 사용하면 됩니다. 간단하지요? 자, 그럼 원숭이띠라면 어떻게 대답하면 좋을까요?

Tôi tuổi (con) khỉ.
또이 뚜오이 꼰 키

gì 자리에 해당하는 동물 이름을 넣어주면 된답니다. 우리나라와 비슷하면서도 다른 십이간지 문화 이번 기회에 공부해 보아요.

만능 베트남어

이것도 저것도 다 괜찮을 때
이렇게 말해보세요.

Cũng được.
꿍 드억

(그것도) 괜찮아.

'무엇을 먹을까?' '어디에 갈까?' 우리는 하루에 꽤 많은 선택을 합니다.
여러 가지 선택 옵션 중에서 둘 다 좋을 때, 어느 쪽도 상관없을 때 베트남어로 이렇게 말합니다.
구체적으로 '어떤 것이라도 괜찮아'라고 하는 표현은 아래와 같아요.

"명사 + nào cũng được."
나오 꿍 드억

어떤 명사든 괜찮아.

Cái nào cũng được. 무엇이든 괜찮아.

어떤 상황에서 쓸까요?

- 무엇을 먹어도 괜찮을 때
- 무엇을 마셔도 괜찮을 때
- 어느것을 사도 괜찮을 때
- 영화를 봐도 되고 연극을 봐도 괜찮을 때

모두

명사 + nào cũng được.

몇 시 됐어?

Mấy giờ rồi?

토닥토닥 응원 메시지

실생활에서 가장 필요한 단어를 꼽으라면? 바로 숫자입니다. 시간, 날짜뿐만 아니라 사고 싶은 물건을 살 때도 숫자가 빠지지 않는데요, 숫자가 너무 많아서 언제 다 외우나...벌써 질려할 수도 있지만, 우리나라도 숫자를 읽을 때 어느 순간부터는 패턴을 적용해서 읽잖아요? 베트남어도 마찬가지입니다. 처음에는 낯설지 몰라도 계속 반복하면 마치 노래하듯이 입에서 술술 나오는 자신을 발견할 수 있을 거예요!

하나, 둘, 셋보다 못, 하이, 바가 익숙해지는 그날까지!

그럼 시작해 봐요! một hai ba (1, 2, 3)!

01 지난 과 복습

1 보기에서 알맞은 단어를 골라 빈칸에 써 넣으세요.

보기 táo bơ chanh mèo lợn / heo gà

❶ 레몬 ______
❷ 사과 ______
❸ 아보카도 ______
❹ 닭 ______
❺ 돼지 ______
❻ 고양이 ______

보기 cái con quyển / cuốn quả / trái

❶ 무생물 종별사 ______
❷ 과일 종별사 ______
❸ 생물 종별사 ______
❹ 책 종별사 ______

2 다음 문장을 베트남어로 완성하세요.

❶ 너는 어떤 과일을 좋아해? Bạn thích ______ gì?

❷ 언니는 사과 한 개를 가지고 있어. Chị ______ 1 quả táo.

❸ 왜? ______?

❹ 왜냐하면 망고가 맛있기 때문이야. ______ xoài ngon lắm.

❺ 우리 집에는 고양이 한 마리가 있어요. Nhà tôi có một ______ mèo.

❻ 너는 자전거가 있니? Bạn có ______ không?

❼ 나는 개를 좋아한다. Tôi thích con ______.

❽ 나는 오렌지, 망고, 사과를 좋아한다. Tôi thích quả ______.

단어

MP3 04-01

숫자

1	2	3	4	5	6	7	8	9	10
một 못	hai 하이	ba 바	bốn 본	năm 남	sáu 싸우	bảy 바이	tám 땀	chín 찐	mười 므어이
11	**12**	**13**	**14**	**15**	**16**	**17**	**18**	**19**	**20**
mười 므어이 một 못	mười 므어이 hai 하이	mười 므어이 ba 바	mười 므어이 bốn 본	mười 므어이 lăm 람	mười 므어이 sáu 싸우	mười 므어이 bảy 바이	mười 므어이 tám 땀	mười 므어이 chín 찐	hai 하이 mươi 므어이

- 7은 'bẩy' '버이'라고 읽기도 해요.
- 15~25, 35~95까지 5의 자음 발음이 năm → lăm으로 바뀌어요.
  (북부지역에서는 25부터 'nhăm'으로 읽기도 합니다.)
- 20부터 10의 성조가 mười → mươi로 바뀌어요.

시간

시 giờ 져

1시	2시	3시	4시	5시	6시	7시	8시	9시	10시	11시	12시
một giờ	hai giờ	ba giờ	bốn giờ	năm giờ	sáu giờ	bảy giờ	tám giờ	chín giờ	mười giờ	mười một giờ	mười hai giờ

분 phút 풋

5분	10분	15분	20분	30분/반	40분	50분
năm phút	mười phút	mười lăm phút	hai mươi phút	ba mươi phút / rưỡi 즈어이(르어이)	bốn mươi phút	năm mươi phút

- 실제 회화에서는 'phút'은 주로 생략됩니다.

하루 중 때를 나타내는 단어

오전/아침	점심	오후	저녁	밤
sáng 쌍	trưa 쯔어	chiều 찌에우	tối 또이	đêm 뎀

단어 연습

잠깐 숫자 0은 'không'으로 읽어요.

1 다음 빈칸에 전화번호를 베트남어로 쓰세요.

0 1 0 - → không một [ ] –

1 3 4 5 - → một ba [ ] năm –

6 7 8 9 - → [ ] bảy / bấy tám [ ]

2 그림의 시계가 몇 시 몇 분인지 베트남어로 쓰세요.

예 4시 30분 bốn giờ ba mươi phút / rưỡi

❶ 3시 15분

❷ 6시 20분

❸ 12시 30분

❹ 9시

04 문장

MP3 04-02

Mấy giờ rồi? 몇 시 됐어?
머이 져(여) 조이(로이)

9 giờ rưỡi rồi. 9시 반 됐어.
찐 져(여) 즈어이(르어이) 조이(로이)

mấy는 의문사로 1~10의 숫자를 질문할 때 사용하며, '몇'이라고 해석해요. 10 이상의 숫자를 물어볼 때는 의문사 'bao nhiêu'를 사용합니다. 시는 1시부터 12시까지 있으므로 'mấy giờ'라고 물어봐요. 분을 물어볼 때는 'mấy phút', 'bao nhiêu phút' 두 가지를 다 쓸 수 있어요.
rồi는 문장 끝에 위치하여 완료를 나타내요.

Bây giờ là mấy giờ? 지금은 몇 시인가요?

Bây giờ là 6 giờ đúng. 지금은 6시 정각이에요.

Bây giờ là 6 giờ kém 15. 지금은 6시 15분 전이에요.

잠깐 'kém'은 '부족하다'라는 뜻으로 '몇 시 몇 분 전'이라는 말을 표현할 때 사용되어요. kém을 쓸 때는 'phút'을 함께 쓰지 않아요.

Bạn đi học lúc mấy giờ? 너는 몇 시에 학교를 가?
반 디 혹 룩 머이 져(여)

Lúc 8 giờ sáng. 아침 8시에.
룩 땀 져(여) 쌍

'lúc'은 시각 앞에 쓰이는 전치사로 문장과 시간이 함께 쓰일 때 '~에'라는 뜻으로 시간 앞에 붙여요.
'sáng'은 '아침, 오전'이라는 뜻으로 '몇 시 + sáng'의 어순으로 쓰여요.

Anh thường đi làm lúc mấy giờ? 형(오빠)은 보통 몇 시에 일하러 가세요?

Anh thường đi làm lúc 7 giờ rưỡi sáng. 형(오빠)은 보통 오전 7시 반에 일하러 가.

단어

rồi 문장 끝 완료 표현 rưỡi 반, 절반 bây giờ 지금 đúng 맞다, 알맞다 kém 부족하다 đi học 학교를 가다, 등교하다 lúc (시간 앞에 붙이는 전치사) ~에 thường 보통, 자주, 주로 đi làm 일하러 가다, 출근하다

05 문장 연습

1 다음 예를 보고 그림에 맞는 시간 표현을 쓰세요.

예  → mười giờ kém mười. 10시 10분 전

→ ______________ 12시 5분 전

→ ______________ 4시 2분 전

2 오늘 스케줄을 보고 질문에 답하세요.

오늘의 스케줄

7 : 30 thức dậy 기상

8 : 00 ăn sáng 아침 먹기

9 : 00 đi học 학교 가기

3 : 00 về nhà 집에 귀가

5 : 00 đi xem phim 영화보러 가기

8 : 00 làm bài tập 숙제하기

10 : 00 đi ngủ 잠자러 가기

예 Bạn thức dậy lúc mấy giờ?

→ Lúc bảy giờ rưỡi sáng.

❶ Bạn ăn sáng lúc mấy giờ?

→ ______________

❷ Bạn về nhà lúc mấy giờ?

→ ______________

❸ Bạn đi xem phim lúc mấy giờ?

→ ______________

❹ Bạn làm bài tập lúc mấy giờ?

→ ______________

❺ Bạn đi ngủ lúc mấy giờ?

→ ______________

단어

thức dậy 기상하다 ăn 먹다 đi 가다 học 공부하다 về 돌아가다 nhà 집 xem 보다 phim 영화 làm 하다 bài tập 숙제 ngủ 잠자다

06 회화

MP3 04-03

Xuân Mấy giờ rồi, mẹ ạ?

Mẹ Xuân 4 giờ rưỡi rồi, con ạ.

Con có đi chợ với mẹ không?

Xuân Dạ, vâng ạ.

Bố sẽ về nhà lúc mấy giờ ạ?

Mẹ Xuân Bố con sẽ về nhà lúc 6 giờ tối.

Xuân Bố thường làm việc từ mấy giờ đến mấy giờ ạ?

Mẹ Xuân Từ 9 giờ sáng đến 5 giờ rưỡi chiều, con ạ.

쑤언 지금 몇 시에요? 엄마?

쑤언 엄마 4시 반 되었단다, 얘야.

엄마랑 같이 시장 갈래?

쑤언 네. 아빠는 몇 시에 퇴근하세요?

쑤언 엄마 너희 아빠는 저녁 6시에 퇴근할 거야.

쑤언 아빠는 보통 몇 시부터 몇 시까지 일하세요?

쑤언 엄마 아침 9시부터 오후 5시 반까지야 얘야.

07 회화 연습

본문을 소리 내어 5번 읽고 아래와 같이 동그라미 해주세요!

Xuân Mấy giờ rồi, mẹ ạ?
머이 져(여) 조이(로이) 매 아

베트남어에서 가족이나 친구 등 친한 사이일 때 '호칭+ạ'을 문장 끝에 붙여서 다정한 말투를 나타내요.

mẹ 엄마, 어머니

Mẹ Xuân 4 giờ rưỡi rồi, con ạ.
본 져(여) 즈어이(르어이) 조이(로이) 꼰 아

부모님이 자식을 부르는 호칭은 아들과 딸 상관없이 'con'입니다.

Con có đi chợ với mẹ không?
꼰 꼬 디 쩌 버이 매 콩

〈có+동사+không?〉은 '~합니까?, ~하니?'라고 해석하며 의지를 묻는 표현입니다.

con 자녀, 자식 đi 가다 chợ 시장 với ~와/과 함께

Xuân Dạ, vâng ạ.
자(야) 벙 아

'dạ', 'vâng'은 모두 YES 대답으로 쓰입니다. 두 개를 함께 쓸 수도 있습니다.

예	네
dạ	vâng

Bố sẽ về nhà lúc mấy giờ ạ?
보 쌔 베 냐 룩 머이 져(여) 아

'sẽ'는 동사 앞에 위치하여 미래 시제를 나타냅니다.

ạ 문장 끝에 붙어 높임말을 만듦 sẽ + 동사 ~할 것이다 về nhà 퇴근하다, 귀가하다

Mẹ Xuân Bố con sẽ về nhà lúc 6 giờ tối
보 꼰 쌔 베 냐 룩 싸우 져(여)

'bố con'은 'bố của con'의 줄임말입니다. 가까운 관계에서 소유격 'của'는 주로 생략합니다.

bố con 너희 아빠

Xuân Bố thường làm việc từ mấy giờ đến mấy giờ ạ?
보 트엉 람 비엑 뜨 머이 져(여) 덴 머이 져(여) 아

thường은 주어 뒤, 동사 앞에 위치하는 빈도 부사로 '보통, 자주'라는 뜻이며, 습관을 표현할 때 자주 사용합니다.

làm việc 일하다 từ A đến B A부터 B까지

Mẹ Xuân Từ 9 giờ sáng đến 5 giờ rưỡi chiều, con ạ.
뜨 찐 져(여) 쌍 덴 남 져(여)즈어이(르어이) 찌에우 꼰 아

문법

동사 문장

주어 + 동사 + 목적어 주어는 목적어를 ~하다.

베트남어 동사 문장의 가장 기본적인 형태입니다.

Tôi ăn cơm. 나는 밥을 먹는다.

주어 + không + 동사 + 목적어 주어는 목적어를 ~하지 않는다.

부정문은 동사 앞에 'không'을 붙여 만들어요.

Tôi không ăn cơm. 나는 밥을 먹지 않는다.

주어 + có + 동사 + 목적어 + không? 주어는 목적어를 ~합니까?

의문문은 동사 앞에 'có'를, 문장 끝에 'không'을 붙여 만들어요. 이때 'có'는 생략할 수 있어요.

Bạn có ăn cơm không ? 너 밥 먹을 거야?

기본 전치사

시각	~와 함께	장소	~부터 ~까지
lúc	với	ở	từ ~ đến ~
~에	~와/과 함께	~에, ~에서	~부터 ~까지

전치사는 시간, 장소, 날짜, 방법 등을 나타내는 명사 앞에 쓰이는 성분이에요. 문장에 자주 쓰이는 표현이므로 꼭 외워두세요!

Bạn ấy thường thức dậy lúc 6 giờ sáng. 그 친구는 보통 아침 6시에 일어난다.

Mình sẽ đi xem phim với bạn Linh. 나는 친구 링과 함께 영화를 보러 갈 거야.

Tôi học tiếng Việt ở Việt Nam 나는 베트남에서 베트남어를 공부한다.

Tôi học tiếng Việt từ 9 giờ đến 11 giờ sáng. 나는 오전 9시부터 11시까지 베트남어를 공부한다.

단어

bạn ấy 그 친구 thức dậy 일어나다, 기상하다 sáng 아침, 오전 đi 가다 xem phim 영화를 보다 học 공부하다 tiếng Việt 베트남어

09 문법 연습

1 다음 예와 같은 형태로 문장을 부정문과 의문문으로 써 넣으세요.

		부정문	의문문
예	Anh Minh đi làm. →	Anh ấy không đi làm.	Anh ấy có đi làm không?

❶ Chị Hoa xem tivi.

→ ______________________ ______________________

❷ Em Hùng gặp bạn gái.

→ ______________________ ______________________

❸ Bạn Xuân ăn trưa.

→ ______________________ ______________________

❹ Anh Hoà uống nước.

→ ______________________ ______________________

2 다음 예와 같이 알맞은 전치사를 넣어 문장을 완성하세요.

예 tôi đi làm / 8 giờ sáng → Tôi đi làm lúc 8 giờ sáng.

❶ bạn tôi đi bơi / 4 giờ chiều → ______________________

❷ anh ấy học tiếng Anh / 7-9 pm → ______________________

❸ em ấy sống / Việt Nam → ______________________

❹ chị ấy đi học / bạn Minh → ______________________

단어

đi làm 출근하다, 일하러 가다 xem tivi TV 보다 gặp 만나다 bạn gái 여자친구 ăn trưa 점심을 먹다 uống 마시다 nước 물 bơi 수영하다 tiếng Anh 영어 sống 살다

MP3 04-04

1 다음 문장을 3번씩 발음해 보세요.

Tôi thường đi học lúc 8 giờ sáng.

Tôi học tiếng Việt từ 7 giờ rưỡi đến 9 giờ tối.

Tôi học tiếng Việt với cô Hoa.

2 다음 패턴으로 말해 보세요.

A: Bạn có đi làm không?
B: Không, mình không đi làm.

❶ bạn / học tiếng Việt
❷ chị / đi chợ
❸ anh / xem tivi
❹ em / đọc sách

3 다음 패턴으로 말해 보세요.

A: Bạn thường đi làm lúc mấy giờ?
B: Mình thường đi làm lúc 8 giờ sáng.

❶ anh / ăn sáng- anh / 7 giờ rưỡi sáng
❷ chị / đi bơi- chị / 5 giờ chiều
❸ em / về nhà – em / 6 giờ tối
❹ anh / đi ngủ - anh / 12 giờ đêm

단어

cô 여자 선생님, 아가씨, 고모 chợ 시장 xem 보다 đọc sách 책을 읽다 ăn sáng 아침을 먹다 đi 가다 bơi 수영하다 về nhà 집에 돌아가다, 귀가하다 ngủ 잠자다 đêm 밤

듣기

MP3 04-05

1 잘 듣고 빈칸에 알맞은 단어를 써 넣으세요.

❶ xem [ ]

❷ [ ] học

❸ [ ] cơm

❹ [ ] nhà

❺ [ ] việc

2 잘 듣고 빈칸에 알맞은 단어를 써 넣으세요.

❶ Bạn có [ ] không?

❷ Chị ấy thường về nhà [ ] mấy giờ?

❸ Tôi thường ăn trưa [ ] 11 giờ rưỡi [ ] 12 giờ trưa.

3 다음 질문을 듣고 알맞은 답을 고르세요.

질문 ____________________

❶ Không, chị không thích con mèo.

❷ Có, mấy giờ đi em ạ?

❸ Bây giờ là 8 giờ rưỡi.

읽기

MP3 04-06

Hôm nay, tôi sẽ đi xem phim với bạn Linh.

오늘 나는 친구 링과 함께 영화를 보러 갈 것이다.

Chúng tôi sẽ gặp nhau lúc 3 giờ chiều.

우리는 오후 3시에 (서로) 만날 것이다.

Tôi rất thích xem phim.

나는 영화(를) 보는 것을 매우 좋아한다.

Bạn Linh cũng thích xem phim.

친구 링도 영화(를) 보는 것을 좋아한다.

Chúng tôi xem phim từ 3 giờ rưỡi đến 5 giờ chiều.

우리는 오후 3시 반부터 5시까지 영화를 본다.

Sau khi xem phim, chúng tôi sẽ đi ăn tối.

영화를 보고 나서 우리는 저녁을 먹으러 갈 것이다.

단어

hôm nay 오늘 chúng tôi 우리(듣는 사람 제외) gặp nhau 서로 만나다 thích 좋아하다 cũng 역시, 또한 sau khi ~한 후에, ~하고 나서 đi 가다 ăn tối 저녁을 먹다

쓰기

1 다음 문장을 따라 써 보세요.

Hôm nay, tôi sẽ đi xem phim với bạn Linh.

✎ ....

Chúng tôi sẽ gặp nhau lúc 3 giờ chiều.

✎ ....

Tôi rất thích xem phim.

✎ ....

Bạn Linh cũng thích xem phim.

✎ ....

Chúng tôi xem phim từ 3 giờ rưỡi đến 5 giờ chiều.

✎ ....

Sau khi xem phim, chúng tôi sẽ đi ăn tối.

✎ ....

2 다음 문장을 베트남어로 써 보세요.

너는 주로 몇 시에 아침을 먹니?

✎ ....

나는 보통 밤 11시부터 아침 6시까지 잔다.

✎ ....

우리는 저녁 7시에 집에 갈 것이다.

✎ ....

단어

ăn sáng 아침을 먹다 ngủ 잠을 자다 từ ~ đến ~ ~부터 ~까지 đêm 밤 sẽ + 동사 ~할 것이다 về nhà 집에 가다

약속 장소로 여기 어때? 베트남의 핫플레이스

카페 쟝 (Cafe Giang)

베트남 호안끼엠에 있는 이 곳은 1946년에 개업한 오래된 커피 명소입니다. 달걀을 넣은 계란커피가 유명하여 현지인은 물론 한국인을 비롯한 유럽인들까지 많이 온다고 해요. 달걀 특유의 비린내는 없애고 연유와 설탕의 달콤한 맛이 나 커피를 마시지 못하는 사람도 마실 수 있다고 합니다. 한잔 1,300원 정도에 가게 내부에는 좌석이 그다지 없는데도 사람들로 북적거립니다. 늘 마시던 커피가 질렸다면 달콤한 계란커피 데이트는 어떠신가요?

따히엔 맥주 거리 (Phố Tạ Hiện)

하노이 야시장은 매주 금, 토, 일 저녁 7시부터 한창인데요. 야시장에서는 길거리 음식이나 소소한 잡화 같은 것도 판매하지만 따히엔 맥주 거리 쪽은 골목골목마다 화려하게 빛이 납니다. 아예 길거리에 목욕탕 의자를 깔아 놓고 맥주파티가 시작됩니다. 우리나라의 을지로와 비슷해요. 평일 저녁에 가도 맥주 거리는 열리고 있으며 맥주 비용도 저렴하고 안주도 사진 메뉴판으로 주문하면 됩니다. 맥주를 좋아하는 사람이라면 빠질 수 없는 맥주 거리! 한잔하고 싶다면 불타는 금요일 약속 장소로 어떨까요?

다오꼬이 커피가든 (Đảo Koi Coffee Garden)

물고기도 보면서 맛있는 음료를 즐길 수 있는 카페가 호찌민시에 있습니다. 특히나 이곳은 물고기 카페 중에서도 가장 인기가 많은 곳인데요. 잉어가 가득한 큰 인공 연못 사이로 야외 좌석이 예쁘게 꾸며져 있습니다. 그리고 앉아 있는 자리 옆으로 지나다니는 물고기에게 먹이를 줄 수도 있어 아이들에게도 인기 만점입니다. 항상 깨끗한 상태를 유지하고 있으니 연못 특유의 악취 냄새 걱정 없이 즐길 수 있어요.

카페 쟝

따히엔 맥주 거리

다오꼬이 커피가든

만능 베트남어

상대방의 긴장을 풀어주고
편안한 분위기를 만드는 마법 같은 말!
함께 배워요!

Cứ tự nhiên.
끄 뜨 니엔

편하게 해.

집에 손님이 방문했을 때 편하게 있기를 바란다면,
왠지 모르게 긴장한 것 같은 베트남 친구에게 괜찮다고 격려해 주고 싶다면 이 말을 해 보세요.
앞에 주어와 뒤에 'nhé'를 붙이면 더 자연스럽고 부드러운 말투가 된답니다.

"Bạn cứ tự nhiên nhé."
반 끄 뜨 니엔 녜

친구야, 편하게 하렴.

어떤 상황에서 쓸까요?

- 손님에게 편하게 있으라고 말해줄 때
- 어딘가 불편해 보이는 친구에게
- 중요한 발표를 앞둔 친구에게

모두

주어 + cứ tự nhiên.

가족은 몇 명인가요?
Gia đình bạn có mấy người?

토닥토닥 응원 메시지

여기까지 열심히 공부하신 여러분 정말 대단하다고 말하고 싶어요. 이제 큰 산의 중턱까지 올라왔습니다.

많은 걸 외우느라 힘들었던 여러분들에게 선물을 하나 드리려 해요. 영어를 공부하면서 복잡한 시제 때문에 골머리를 앓았던 적이 있으시죠?

다행히 베트남어는 간단하면서도 쉽게 시제를 배울 수 있답니다. 그러니 부담 갖지 않아도 돼요. 시제를 배우면 이제 과거의 일도, 미래의 일도 말할 수 있게 됩니다.

우리가 어제 무엇을 했는지, 내일을 무엇을 할건지 이야기할 수 있도록 이번 과도 마스터해 봅시다!

01 지난 과 복습

1 빈칸에 알맞은 말을 써 넣으세요.

숫자

1	2	3	4	5	6	7	8	9	10
một		ba	bốn		sáu	bảy		chín	mười
11	12	13	14	15	16	17	18	19	20
mười một		mười ba			mười sáu	mười bảy	mười tám	mười chín	

시간

1시	2시	3시	4시	5시	6시
một giờ	hai giờ		bốn giờ	năm giờ	
7시	8시	9시	10시	11시	12시
	tám giờ	chín giờ			

5분	10분	15분	20분	30분/반	40분	50분
năm phút			hai mươi phút			năm mươi phút

2 다음 문장을 베트남어로 완성하세요.

❶ 지금 몇 시인가요? Bây giờ là ___________?

❷ 나는 아침 8시에 출근해. Mình đi làm ______ 8 giờ sáng.

❸ 아침 9시부터 오후 5시 반까지. ______ 9 giờ sáng ______ 5 giờ rưỡi chiều.

단어

MP3 05-01

가족

ông 할아버지
옹

bà 할머니
바

bố / ba 아버지
보 바

mẹ / má 어머니
매 마

anh trai 형, 오빠
아잉(안) 짜이

chị gái 누나, 언니
찌 가이

em trai 남동생
앰 짜이

em gái 여동생
앰 가이

chồng 남편
쫑

vợ 아내
버

- 형/오빠를 실제로 부를 때는 'anh', 누나/언니는 'chị', 동생들은 'em'이라고 합니다.
- 'trai'는 남자, 'gái'는 여자입니다.
- 'ông bà'는 조부모님(할아버지, 할머니), 'bố mẹ'는 부모님(엄마, 아빠)이라는 뜻입니다.

가족 3인칭

ông, bố / ba	➡	ông ấy
bà, mẹ / má		bà ấy
anh trai		anh ấy
chị gái		chị ấy

em trai, em gái	➡	em ấy, nó
chồng		anh ấy
vợ		cô ấy

친척

bác 큰아버지, 큰어머니, 큰고모
박

chú 작은아버지, 삼촌
쭈

cô 작은고모, 여자 선생님, 아가씨
꼬

dì 이모
지(이)

con 자식, 자녀
꼰

cháu 손자, 손녀
짜우

- 큰아버지는 'bác trai', 큰어머니/큰고모는 'bác gái'라고 하기도 합니다. 아들은 'con trai', 딸은 'con gái', 손자는 'cháu trai', 손녀는 'cháu gái'입니다.

03 단어 연습

1 나의 가족사진을 보고 빈칸을 베트남어로 써 넣으세요.

2 다음 중 가족을 말할 때 알맞은 단어를 연결하세요.

할아버지	bố / ba
할머니	bà
아버지	mẹ / má
어머니	anh trai
형/오빠	em gái
남편	chồng
아내	vợ
언니/누나	em trai
남동생	chị gái
여동생	ông

04 문장

Gia đình bạn có mấy người? 너의 가족은 몇 명이야?
쟈(야) 딩 반 꼬 머이 응으어이

Gia đình mình có 4 người. 우리 가족은 4명이야.
쟈(야) 딩 밍 꼬 본 응으어이

'mấy'는 의문사로 1~10까지의 숫자를 질문할 때 사용하며 '몇'이라고 해석해요. 10 이상의 숫자를 물어볼 때는 의문사 'bao nhiêu'를 사용해요.
베트남어에서 '숫자 + 명사'는 명사의 개수를 나타냅니다.

1명	2개	3마리	4권	5개(과일)
một người	hai cái	ba con	bốn quyển / cuốn	năm quả / trái

반대로 '명사 + 숫자'는 숫자가 명사를 수식하는 경우입니다.

1층	1일(날짜)	1월	2023년
tầng 1	ngày 1	tháng 1	năm 2023

Cháu mấy tuổi rồi? 너(어린아이) 몇 살 되었니?
짜우 머이 뚜오이 조이(로이)

Năm nay em bao nhiêu tuổi? 올해 너는 몇 살이니?
남 나이 앰 바오 니에우 뚜오이

'cháu'는 '손자', '손녀'를 부르는 호칭이지만 손주, 조카뻘의 사람 혹은 10세 이하의 아이들을 부르는 호칭으로도 쓰입니다. 따라서 10세 이하의 어린이의 나이를 물어볼 때는 mấy를 10세 이상 청소년, 어른의 나이를 물어볼 때는 bao nhiêu를 사용합니다.

Cháu 6 tuổi rồi ạ. 저는 6살 되었어요.

Năm nay em 26 tuổi. 올해 저는 26세입니다.

단어

gia đình 가족 tầng 층 ngày 일 tháng 월, 달 năm 년 tuổi 나이, ~세, ~살 năm nay 올해

05 문장 연습

1 다음 예와 같이 빈칸을 채워 문장을 완성하세요.

예

A: Gia đình bạn có mấy người?

B: Gia đình mình có 4 người:

bố, mẹ, mình và em trai mình.

A: Năm nay, em trai bạn mấy tuổi rồi?

B: Em trai mình 5 tuổi rồi.

❶

A: Gia đình bạn có mấy người?

B: Gia đình mình có [ ] người:

ông, [ ], bố, [ ], mình

một [ ] và một em gái.

A: Năm nay, bố bạn bao nhiêu tuổi?

B: Năm nay ,ông ấy [ ] tuổi.

❷

A: Gia đình bạn có mấy người?

B: Gia đình mình có [ ] người:

[ ], bà, [ ], [ ],

mình và một em gái.

A: Năm nay, [ ] bạn mấy tuổi rồi?

B: Nó [ ] tuổi rồi.

단어

rồi 문장 끝에 위치하여 완료를 나타내는 단어 nó 그 애, 그

회화

MP3 05-03

Hà　Gia đình anh có mấy người?

Min-su　Gia đình anh có 5 người.

Hà　Có những ai?

Min-su　Bố, mẹ, một chị gái, anh và một em trai.

Hà　Chị gái anh đã kết hôn chưa?

Min-su　Rồi. Chị ấy đã lấy chồng rồi.

Hà　Còn em trai anh là sinh viên đại học, phải không?

Min-su　Không phải, em ấy làm việc ở công ty.

하　오빠의 가족은 몇 명인가요?

민수　5명 가족이야.

하　누가 누가 있나요?

민수　아버지, 어머니, 누나 한 명, 나 그리고 남동생 한 명이야.

하　오빠의 누님은 결혼하셨나요?

민수　응. 누나는 이미 결혼 했어.

하　그러면 오빠의 남동생은 대학생인가요?

민수　아니, 그 애는 회사에서 일하고 있어.

07 회화 연습

본문을 소리 내어 5번 읽고 아래와 같이 동그라미 해주세요!

Hà **Gia đình anh có mấy người?**
쟈(야) 딩 아잉(안) 꼬 머이 응으어이

mấy 몇, 얼마나 (10 이하의 수를 물어볼 때 사용)

Min-su **Gia đình anh có 5 người.**
쟈(야) 딩 아잉(안) 꼬 남 응으어이

Hà **Có những ai?**
꼬 니응 아이

'những'은 의문사 및 명사 앞에 위치하여 복수를 나타내며, '~들' 이라고 해석합니다.

những ~들 ai (의문사) 누구, 누가

Min-su **Bố, mẹ, một chị gái, anh và một em trai.**
보 매 못 찌 가이 아잉(안) 바 못 앰 짜이

Hà **Chị gái anh đã kết hôn chưa?**
찌 가이 아잉(안) 다 껫 혼 쯔어

'đã ~ chưa' 의문문은 과거나 완료의 일을 물어보는 의문문으로 '~ 했습니까?'라고 해석합니다.
어순: 주어 + đã + 서술어 + chưa?

kết hôn 결혼하다 chưa 했나요?, 했습니까?, 문장 끝에 붙어 완료 의문문을 만듦

Min-su **Rồi. Chị ấy đã lấy chồng rồi.**
조이(로이) 찌 어이 다 러이 쫑 조이(로이)

'đã ~ chưa' 의문문의 YES대답은 'rồi'입니다.

YES	NO
rồi	chưa

'đã + 동사'는 과거 시제를 나타내요.

과거	현재	미래
đã +동사	đang + 동사	sẽ + 동사

lấy chồng 결혼하다(여성의 경우) ↔ lấy vợ 결혼하다(남성의 경우)

Hà **Còn em trai anh là sinh viên đại học, phải không?**
꼰 앰 짜이 아잉(안) 씽 비엔 다이 혹
파이 콩

앞서 배웠듯이 동사가 là인 경우 문장 끝에 phải không을 붙여서 의문문을 만들어요.
*phải không 의문문의 대답

YES	NO
phải	không phải

sinh viên đại học 대학생

Min-su **Không phải, em ấy làm việc ở công ty.**
콩 파이 앰 어이 람 비엑 어 꽁 띠

'ở'는 장소 앞에 붙는 전치사로 '~에, ~에서'라고 해석합니다.

làm việc 일하다 công ty 회사

문법

베트남어 시제

1. 과거 완료

주어 + đã + 동사 + 목적어 + rồi　주어는 (이미) 목적어를 ~했다.

베트남어의 과거 시제 표현입니다. 동사 앞에 'đã'를 위치시킵니다. 과거만 표현할 때 문장 끝 'rồi'는 생략해도 됩니다.

Cô ấy đã về nhà (rồi).　그녀는 (이미) 집에 갔다.

2. 현재 진행

주어 + đang + 동사 + 목적어　주어는 목적어를 ~하는 중이다.

동사 앞에 'đang'을 위치시킵니다.

Cô ấy đang về nhà.　그녀는 집에 가고 있는 중이다.

3. 미래와 의지

주어 + sẽ + 동사 + 목적어　주어는 목적어를 ~할 것이다.

동사 앞에 'sẽ'를 위치시킵니다. 'sẽ + 동사'는 주어의 의지를 나타내기도 합니다.

Cô ấy sẽ về nhà.　그녀는 집에 갈 것이다.

Tôi sẽ học tiếng Việt chăm chỉ.　나는 베트남어 공부를 열심히 할 것이다.

과거 완료 부정문과 의문문

1. 과거 완료 부정문

주어 + chưa + 동사 + 목적어　주어는 목적어를 아직 ~하지 않았다.

동사 앞에 'chưa'를 위치시켜 과거 완료 부정문을 만듭니다. 문장 끝에 'rồi'가 붙지 않는 것에 유의하세요!

Mình chưa ăn cơm.　나는 아직 밥을 안 먹었어.

2. 과거 완료 의문문

주어 + đã + 동사 + 목적어 + chưa　주어는 목적어를 ~했나요?

동사 앞에 'đã'는 생략할 수 있습니다.

Bạn đã ăn cơm chưa?　너는 밥을 먹었니?

단어

về 돌아가다　nhà 집　học 공부하다　tiếng Việt 베트남어　chăm chỉ 열심히

09 문법 연습

1 다음 예와 같은 형태로 문장을 부정문과 의문문으로 써 넣으세요.

	부정문	의문문
예 Anh Hoà ăn tối. →	Anh ấy chưa ăn tối.	Anh ấy đã ăn tối chưa?

❶ Chị Hoa về đến nhà.

→ ______________________ ______________________

❷ Em Hùng học xong.

→ ______________________ ______________________

❸ Bạn Xuân hiểu.

→ ______________________ ______________________

❹ Anh Hoà đến công ty.

→ ______________________ ______________________

2 보기 단어 뜻을 참고하여 알맞은 시제사를 써 넣으세요.

보기 hôm qua 어제 hôm nay 오늘 ngày mai 내일 bây giờ 지금

예 Ngày mai tôi (sẽ) đi Việt Nam.

❶ Hôm qua bạn Xuân ( ) đến Hà Nội.

❷ Bây giờ tôi ( ) xem tivi.

❸ Hôm nay chị ấy ( ) đi mua sắm.

❹ Ngày mai tôi ( ) đến thăm bạn bè.

단어

về đến nhà 집에 도착하다 xong 끝나다, 마치다 hiểu 이해하다 đến 도착하다 công ty 회사 xem 보다, 시청하다 mua sắm 쇼핑하다 thăm 방문하다 bạn bè 친구

말하기

MP3 05-04

1 다음 문장을 3번씩 발음해 보세요.

Gia đình tôi có 4 người: tôi, vợ tôi, một con trai và một con gái.

Tôi đã về đến nhà rồi. Còn chồng tôi chưa về đến nhà.

Các bạn đã hiểu chưa?

2 다음 패턴으로 말해 보세요.

A: Gia đình bạn có mấy người?

B: Gia đình mình có 4 người.

❶ lớp tiếng Việt / mấy- 6 ❷ công ty / bao nhiêu - 30

3 다음 패턴으로 말해 보세요.

A: Bạn đã hiểu chưa?

B: Rồi, tôi đã hiểu rồi.

Chưa, tôi chưa hiểu.

❶ ăn cơm ❷ về đến nhà

❸ học xong ❹ đến công ty

단어

vợ 아내 chồng 남편 hiểu 이해하다 lớp 수업, 클래스, 반 tiếng Việt 베트남어 công ty 회사 xong 끝나다, 마치다

듣기

MP3 05-05

1 잘 듣고 보기에서 알맞은 단어를 써 넣으세요.

보기 bố mẹ gia đình kết hôn tiếng Việt về đến nhà

❶ ______ ❷ ______

❸ ______ ❹ ______

❺ ______

2 잘 듣고 빈칸에 알맞은 단어를 써 넣으세요.

❶ A: Bạn đã ______ chưa?

B: Chưa, mình chưa ______.

❷ A: Gia đình chị có ______ người?

B: Gia đình chị có ______ người: bố, mẹ và chị.

❸ A: Anh trai bạn đã kết hôn ______?

B: Rồi, anh ấy đã lấy vợ ______.

3 다음 질문을 듣고 알맞은 답을 고르세요.

질문 ______?

❶ Chưa, mình chưa hiểu.

❷ Rồi, anh ấy đã kết hôn rồi.

❸ Có bố mẹ, một anh trai, chị và một em gái.

읽기

MP3 05-06

Gia đình tôi có 5 người: bố mẹ, tôi, một em trai và một em gái.

우리 가족은 5명입니다: 부모님, 나, 남동생 한 명과 여동생 한 명입니다.

Bố tôi đã là công chức, năm trước ông ấy đã về hưu rồi.

나의 아버지는 공무원이셨지만 작년에 그는 은퇴하셨습니다.

Mẹ tôi là y tá, bà ấy làm việc ở một bệnh viện lớn.

나의 어머니는 간호사로 한 큰 병원에서 일합니다.

Em trai tôi làm việc ở công ty ABC.

나의 남동생은 ABC회사에서 일합니다.

Còn em gái tôi đang là sinh viên đại học.

그리고 내 여동생은 대학생입니다.

Gia đình tôi sống rất hạnh phúc.

우리 가족은 매우 행복하게 삽니다.

단어

công chức **공무원** năm trước **작년** về hưu **은퇴하다** y tá **간호사** làm việc **일하다** bệnh viện **병원** lớn **크다** công ty **회사** sinh viên đại học **대학생** sống **살다** hạnh phúc **행복하다**

쓰기

1 다음 문장을 따라 써 보세요.

Gia đình tôi có 5 người: bố mẹ, tôi, một em trai và một em gái.

✎ ....

Bố tôi đã là công chức, năm trước ông ấy đã về hưu rồi.

✎ ....

Mẹ tôi là y tá, bà ấy làm việc ở một bệnh viện lớn.

✎ ....

Em trai tôi làm việc ở công ty ABC.

✎ ....

Còn em gái tôi đang là sinh viên đại học.

✎ ....

Gia đình tôi sống rất hạnh phúc.

✎ ....

2 다음 문장을 베트남어로 써 보세요.

너의 가족은 몇 명이니?

✎ ....

그는 결혼했나요?

✎ ....

나의 오빠는 회사에서 일한다.

✎ ....

어린이를 위한 베트남의 추석 뗏쭝투(Tết trung thu)

베트남과 한국의 명절은 서로 비슷한 듯 다른 면모를 가지고 있습니다. 같은 유교 문화권이기에 설날과 추석을 챙기는 건 비슷하지만 그 풍경은 사뭇 다릅니다. 우선 베트남의 '뗏(Tết)' 설날은 베트남에서 가장 큰 명절로 2주가량 휴가를 내는 가게들도 많습니다. 아름다운 아오자이를 입은 사람들을 구경하는 재미가 있지만, 많은 가게가 문을 닫기에 설날을 피해 여행하시는 것을 추천합니다.

베트남은 음력 8월 15일 '뗏쭝투(Tết trung thu)'를 지냅니다. 하지만 민족 대명절 한가위로 불리는 한국과 달리 베트남의 추석은 어린이날에 더 가깝습니다. 우선 음력 8월 15일에 추수한다는 개념이 베트남의 아열대 기후에 맞지 않을뿐더러, 전쟁 이후 늘어난 고아들을 위하여 호찌민 주석이 추석을 어린이날로 기념하자고 제안했기에 명절보다는 어린이날에 더 가깝게 되었습니다. 실제로 추석을 '달맞이하는 날'이라는 말과 함께 '뗏 티에우니(Tết thiếu nhi)', '어린이날'이라고 불리기도 합니다. 밤이 되면 아이들은 별과 잉어 모양의 등불을 들고 거리를 활보합니다. 요즘엔 등불의 모습도 다양하여 새로운 볼거리가 늘어났습니다.

추석은 베트남에서 평일로 명절 연휴가 있지는 않지만, 나름대로 추석을 기념하고 즐기는 베트남만의 독특한 문화가 있습니다. 바로 '바잉쭝투(Bánh trung thu)', '월병'을 함께 나눠 먹는 것입니다. 우리나라의 송편과 같은 역할을 하는데, 이날 베트남 사람들은 가족, 친구들에게 바잉쭝투를 선물하고 나눠 먹으며 추석을 기념합니다. 실제 바잉쭝투는 꽃 모양부터 나무, 연꽃 등 다양한 문양이 있어 보는 재미가 쏠쏠합니다. 베트남에서 추석을 보내게 되신다면 주변 사람들과 아름다운 바잉쭝투를 나누며 즐겨보세요.

베트남 뗏쭝투 모습

베트남 바잉쭝투

만능 베트남어

알아들었다고, 또는 이해했다고 말할 때 쓰이는 만능 베트남어!

Tôi hiểu rồi.
또이 히에우 조이(로이)

이해했어요.(알았어요.)

상대방의 말을 다 알아듣고, 이해했다는 걸 알려줄 때 사용해요.
혹은 상대방이 말하는 의도를 파악했다고 어필할 때도 말할 수 있습니다.
만약 이해했는데도 집요하게 계속 물어본다면
문장 끝에 한 단어만 붙이면 됩니다.

"Tôi hiểu rồi mà!"
또이 히에우 조이(로이) 마

이해했다니까요!

어떤 상황에서 쓸까요?

- 베트남어를 알아들었다고 말할 때
- 계약 조건에 대해 이해했을 때
- 이해했다고 안심시킬 때

모두

주어 + **hiểu rồi.**

6

뭐가 더 맛있어요?

Quả nào ngon hơn?

토닥토닥 응원 메시지

실생활 필수 회화 포인트를 배우는 6과에 잘 오셨습니다. 베트남어 숫자 발음에 변동 사항이 많아서 많이 헷갈리셨죠? 쉽고 자연스럽게 발음하기 위해 연음현상으로 예외가 나타나는 것이니 너른 이해 부탁드려요.

이번 과에서는 조금 큰 숫자들도 읽어볼 겁니다. 하지만 걱정하지 마세요! 마법의 '.'이 여러분을 도와줄 겁니다.

그리고 드디어 나오는 비교급 표현까지! 오늘도 힘차게 시작해 봅시다!

01 지난 과 복습

1 다음 빈칸에 알맞은 말을 써 넣으세요.

가족

ông	bà	bố / ba	mẹ / má	con
anh trai	chị gái	em trai	em gái	cháu

친척

bác	chú	cô	dì	cháu

2 다음 문장을 베트남어로 완성하세요.

❶ 당신의 가족은 몇 명인가요? Gia đình bạn có ______________________?

❷ 우리 가족은 4명입니다: 아버지, 어머니, 나와 여동생입니다.

Gia đình tôi có ________ : bố, mẹ, tôi và ______________________?

❸ 올해 당신은 몇 살인가요? Năm nay bạn ____________________ tuổi?

❹ 올해 나는 27살입니다. Năm nay tôi ____________________ tuổi.

❺ 당신은 결혼하셨나요? Bạn đã ____________________ chưa?

❻ 네, 저는 결혼했습니다. Rồi, tôi đã __________________ rồi.

3 다음 문장을 베트남어로 완성하세요.

❶ Tôi ________ học tiếng Việt. 나는 베트남어를 공부하고 있어요.

❷ Anh ấy ________ đi Việt Nam. 그는 베트남에 갈 것입니다.

❸ Bạn ________ ăn cơm chưa? 너는 밥을 먹었니?

단어

MP3 06-01

숫자 21~100

21	22	23	24	25	26	27	28	29	30
hai mươi mốt	hai mươi hai	hai mươi ba	hai mươi bốn / tư	hai mươi nhăm / lăm	hai mươi sáu	hai mươi bảy / bẩy	hai mươi tám	hai mươi chín	ba mươi
31	**35**	**40**	**45**	**50**	**60**	**70**	**80**	**90**	**100**
ba mươi mốt	ba mươi nhăm / lăm	bốn mươi	bốn mươi nhăm / lăm	năm mươi	sáu mươi	bảy / bẩy mươi	tám mươi	chín mươi	một trăm

- 7은 'bẩy' '버이'라고 읽기도 해요.
- 15부터 25, 35~95까지 5의 자음 발음이 năm → lăm으로 바뀌어요.
  (북부지역에서는 25부터 nhăm으로 읽기도 해요.)
- 20부터 10의 성조가 mười → mươi로 바뀌어요.
- 21부터 1의 성조가 một → mốt로 바뀌어요.
- 20 이상부터 1의 자리가 4일 때 'tư'라고 읽기도 해요.
- 100은 'một trăm'이라고 읽어요. (trăm이라고 읽지 않도록 주의해 주세요.)

숫자 1000 이상

1.000 천 một nghìn / một ngàn	2.000 이천 hai nghìn / hai ngàn	10.000 만 mười nghìn / mười ngàn	100.000 십만 một trăm nghìn / một trăm ngàn
1.000.000 백만 một triệu	10.000.000 천만 mười triệu	100.000.000 억 một trăm triệu	1.000.000.000 십억 một tỉ / tỷ

- '.'은 소수점이 아니라 숫자 세 자리를 표시해요. '.'을 기준으로 읽기 때문에 항상 표기되어 있어요.
- 1.000은 'một nghìn' 또는 'một ngàn'으로 읽어요.
- 10의 자리에 0이 있을 때는 'linh' 혹은 'lẻ'로 읽어요. 예) 103 một trăm linh ba / một trăm lẻ ba
- 100의 자리에 0이 있을 때는 'không trăm'으로 읽어요.
  예) 2002 hai nghìn không trăm linh hai / hai ngàn không trăm lẻ hai

03 단어 연습

1 다음 중 숫자와 알맞은 베트남어 숫자 읽기를 연결하세요.

34 ● ● một nghìn không trăm hai mươi chín

66 ● ● hai trăm linh bốn

98 ● ● ba mươi tư

71 ● ● hai trăm năm mươi lăm nghìn

45 ● ● bảy mươi mốt

204 ● ● sáu mươi sáu

1.029 ● ● mười triệu không trăm năm mươi nghìn

19.900 ● ● chín mươi tám

255.000 ● ● mười chín nghìn chín trăm

10.050.000 ● ● bốn mươi lăm

2 다음 그림의 돈은 총 얼마일까요? 베트남어로 써 넣으세요.

❶ 1만 동 3개 + 5천 동 2개 = 4만 동

+ = ______________________________

❷ 10만 동 1개 + 5만 동 1개 + 1만 동 = 16만 동

+ + = ______________________________

❸ 50만 동 2개 + 10만 동 3개 = 130만 동

+ = ______________________________

❹ 5만 동 1개 + 2만 동 1개 + 5천 동 1개 + 2백 동 1개 = 75,200 동

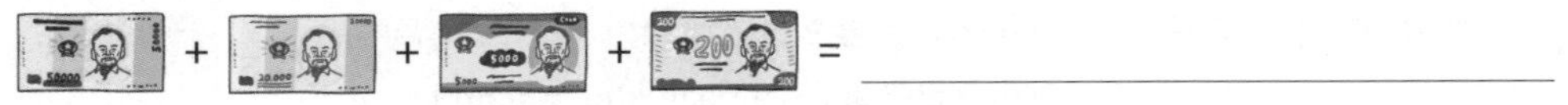

문장

MP3 06-02

A: Quả này bao nhiêu tiền một cân?
이 과일은 1kg에 얼마예요?

B: Quả này 60.000 đồng một cân.
이 과일은 1kg에 6만 동이에요.

'bao nhiêu'는 의문사로 10 이상의 숫자를 질문할 때 사용하며, '몇, 얼마, 얼마나'라고 해석해요. 10 이하의 숫자를 물어볼 때는 의문사 'mấy'를 사용해요.

베트남의 화폐 단위는 100 동부터 시작이므로 가격을 물어볼 때는 의문사 bao nhiêu를 사용한답니다. 'cân'은 'kí'와 같은 뜻으로 'kg'이라는 뜻이에요. 'đồng'은 베트남의 화폐 단위인 '동'으로 해석합니다.

A: Quả nào ngon hơn? 어느 것(과일)이 더 맛있어요?

B: Quả vàng ngon hơn. 노란 과일이 더 맛있어요.

'quả'는 과일을 나타내는 종별사, 과일을 세는 단위성 명사이기도 하지만 '과일'이라는 뜻의 대명사로 쓰이기도 해요. 'hơn'은 '~보다, ~더'라는 뜻으로 우등 비교를 나타내요.

Cái này đắt hơn. 이게 더 비싸요.

Áo kia đẹp hơn. 저 옷이 더 예뻐요.

단어

tiền 돈 này (지시사) 이 cân(=kí) kg đồng 동(베트남 화폐단위) thế nào 어때요, 어떻게 nào (의문사) 어느 ngon 맛있다 vàng (색깔) 노란 hơn 보다, 더

05 문장 연습

1 메뉴를 보고 예와 같이 문장을 완성해 보세요.

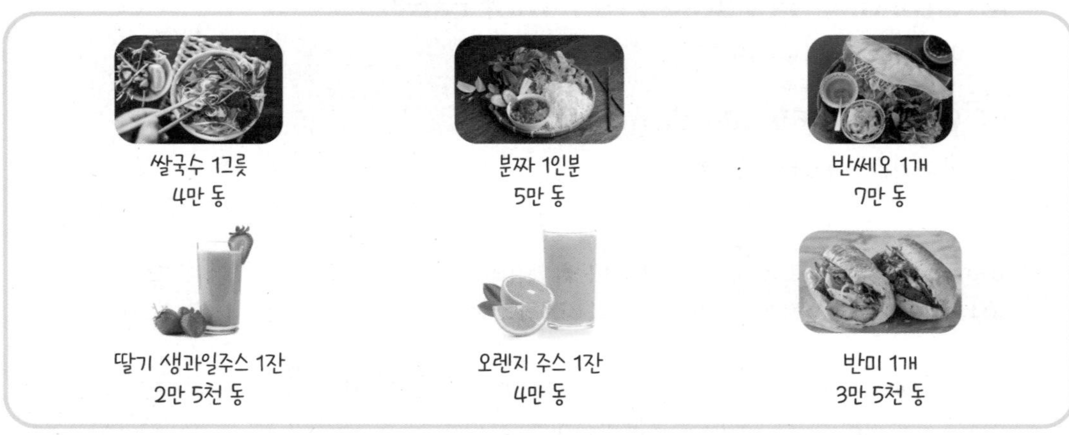

예 A: Phở bao nhiêu tiền một bát?

B: Phở bốn mươi nghìn đồng một bát.

❶ A: Bún chả bao nhiêu tiền một suất?

B: Bún chả ______________________ một suất.

❷ A: Bánh xèo bao nhiêu tiền một cái?

B: Bánh xèo ______________________ một cái.

❸ A: Bánh mì bao nhiêu tiền một cái?

B: Bánh mì ______________________ một cái.

❹ A: Sinh tố dâu bao nhiêu tiền một cốc?

B: Sinh tố dâu ______________________ một cốc.

❺ A: Nước cam bao nhiêu tiền một cốc?

B: Nước cam ______________________ một cốc.

단어

bát (단위) 그릇 suất (몫) 인분 cái 개 cốc 잔, 컵 lon 캔 sinh tố 생과일주스 dâu 딸기 nước 물 cam 오렌지 trà 차 đá 얼음

회화

MP3 06-03

Người bán hàng Quả xoài này ngon lắm, em mua đi.

Jun-su Bao nhiêu tiền vậy chị?

Người bán hàng 60.000 đồng một cân.

Jun-su Sao đắt thế!

Người bán hàng Vì nó ngon lắm em ạ. Quả xanh rẻ hơn.

Jun-su Vậy à? Thế, quả nào ngon hơn?

Người bán hàng Quả vàng ngon hơn.

Jun-su Thôi, cho em một cân xoài vàng nhé.

판매원 이 망고 매우 맛있어요. 사세요.

준수 얼마인가요?

판매원 1kg에 6만 동이야.

준수 왜 이렇게 비싸요!

판매원 왜냐하면 정말 맛있기 때문이야. 초록색(과일)은 더 싸요.

준수 그래요? 그러면 어떤 것이 더 맛있어요?

판매원 노란색(과일)이 더 맛있어.

준수 (그럼)됐어요. 노란색 망고 1kg 주세요.

Người bán hàng	Quả xoài này ngon lắm, em mua đi. 꾸아 쏘아이 나이 응온 람 앰 무어 디	문장 끝에 'đi'를 붙이면 가벼운 명령문이 됩니다. 주어와 상황에 따라 '해요, 해라'라고 해석합니다. *지시형용사 이: này / 저: kia / 그: đó/ấy này (지시사) 이
Jun-su	Bao nhiêu tiền vậy chị? 바오 니에우 띠엔 버이	가격을 물어볼 때 앞서 배운 표현들 외에도 'giá bao nhiêu', '가격이 얼마예요'라고 물어볼 수 있어요.
Người bán hàng	60.000 đồng một cân. 싸우 므어이 응인(응안) 못 껀	cân (=kí) kg
Jun-su	Sao đắt thế! 싸오 닷 테	'sao ~ thế'는 '왜 그렇게 ~하나요?'라는 뜻으로 놀람을 강조합니다. sao 왜 đắt 비싸다 thế 그렇다
Người bán hàng	Vì nó ngon lắm em ạ. Quả xanh rẻ hơn. 비 노 응온 람 앰 아 꾸아 싸잉(싼) 재(래) 헌	'hơn'은 우등 비교를 만드는 비교급입니다. A + 형용사 + hơn + B: A는 B보다 형용사하다. *회화에서 B에 들어가는 비교 대상을 대화하는 사람이 모두 알고 있다면 생략할 수 있어요. vì 왜냐하면 ~때문이다 nó (대명사) 그것 xanh (색깔) 푸른, 파란, 초록 rẻ 싸다
Jun-su	Vậy à? Thế, quả nào ngon hơn? 버이 아 테 꾸아 나오 응온 헌	'nào'는 의문사로 '어느, 어떤'이란 뜻입니다. nào는 의문 형용사이기 때문에 반드시 명사와 결합해야 합니다. *앞서 배운 'gì'가 의문 형용사, 대명사로 모두 쓰이는 것과 다르니 꼭 유의하세요! (표 아래 참조) vậy(=thế) 그렇다
Người bán hàng	Quả vàng ngon hơn. 꾸아 방 응온 헌	vàng (색깔) 노란
Jun-su	Thôi, cho em một cân xoài vàng nhé. 토이 쪼 앰 못 껀 쏘아이 방 녜	'cho + 사람 + 명사'는 '사람에게 명사를 주다'라는 구문입니다. thôi 됐다(대화의 종결) cho 주다 nhé 문장 끝에 붙어 어감을 부드럽게 하는 조사

*지시형용사

이	저	그
này	kia	đó/ấy

의문 대명사/형용사	의문 형용사
gì	nào
무슨, 무엇	어느, 어떤
명사와 결합 (o) 명사와 결합하지 않음 (o)	반드시 명사와 결합

문법

베트남어 비교급

1. 동등 비교 bằng

A + 형용사 + bằng + B　A는 B만큼 형용사 하다.

일반적으로 수치화 가능한 대상을 비교할 때 사용합니다. 예) 높이, 무게

Tôi cao bằng anh trai tôi.　나는 우리 형만큼 키가 크다.

2. 동등 비교 như

A + 형용사 + như + B　A는 B처럼 형용사 하다.

일반적으로 수치화 불가능한 것, 추상적인 상태를 빗대어 표현할 때 사용합니다. 예) 맛있는, 예쁜

Cô ấy đẹp như tiên.　그녀는 선녀처럼 예쁘다.

3. 우등 비교 hơn

A + 형용사 + hơn + B　A는 B보다 형용사 하다.

비교 대상보다 더 우등하거나 열등한 점을 나타낼 때 사용합니다.

Tôi cao hơn anh trai tôi.　나는 우리 형보다 키가 크다.

4. 최상급 nhất

A + 형용사 + nhất　A는 제일 형용사 하다.

최상급 비교의 경우 비교하는 범위를 정해서 쓰이는 경우가 많습니다.
범위 한정을 'trong + 명사'로 할 수 있습니다.

Trong lớp tôi, tôi cao nhất.　우리 반에서 내가 제일 키가 크다.

단어

cao 키가 크다　đẹp 아름답다　tiên 선녀, 신선　anh trai (가족) 형, 오빠　trong ~안에, 중에　lớp 반, 수업, 클래스

09 문법 연습

1 다음 예와 같이 단어를 참고하여 비교급 문장을 완성하세요.

예 xe ô tô / nhanh / xe đạp → Xe ô tô nhanh hơn xe đạp.

❶ cái này / to / cái kia

→ ______________________________

❷ con rùa / chậm / con thỏ

→ ______________________________

❸ hôm nay / lạnh / hôm qua

→ ______________________________

❹ tiếng Việt / khó / tiếng Anh

→ ______________________________

2 다음 예와 같이 보기에서 알맞은 비교급을 넣어 문장을 완성하세요.

보기 bằng   như   hơn   nhất

예 Tiếng Việt dễ (hơn) tiếng Anh. → 베트남어가 영어보다 쉽다.

❶ Cô ấy cao (   ) tôi. → 그녀는 나만큼 키가 크다.

❷ Hồ này sâu (   ) hồ Gươm. → 이 호수는 검호수만큼 깊다.

❸ Cái áo này đắt (   ) cái áo kia. → 이 옷은 저 옷보다 비싸다.

❹ Anh ấy đẹp trai (   ) trong lớp tôi. → 그는 우리 반에서 제일 잘생겼다.

단어

xe ô tô 자동차 nhanh 빠르다 xe đạp 자전거 to 크다 rùa 거북이 thỏ 토끼 lạnh 춥다 tiếng Anh 영어 hồ 호수 sâu 깊다 hồ Gươm 검호수(하노이에 있는 호안끼엠 호수의 다른 이름) đẹp trai 잘생기다

말하기

MP3 06-04

1 다음 문장을 3번씩 발음해 보세요.

Quả xoài vàng ngon hơn quả xoài xanh.

Trong các ngoại ngữ, tiếng Việt khó nhất.

Chậm như rùa.

2 다음 패턴으로 말해 보세요.

A: Cái áo này bao nhiêu tiền vậy?

B: Cái áo này 260.000 đồng.

❶ quyển sách kia / 80.000

❷ một cốc trà đá / 10.000

3 다음 패턴으로 말해 보세요.

A: Cái nón lá này bán thế nào?

B: 100.000 đồng một cái.

❶ bút / 130.000

❷ bàn / 450.000

❸ túi xách / 870.000

❹ mũ / 200.000

단어

ngoại ngữ 외국어 chậm 느리다 rùa 거북이 sách 책 kia 저 cốc 컵 bút 펜 bàn 책상 túi xách 가방 mũ 모자

듣기

MP3 06-05

1 잘 듣고 보기에서 알맞은 단어를 써 넣으세요.

보기 xoài xanh xe ô tô ngon sinh tố thôi

❶ ______ ❷ ______

❸ ______ ❹ ______

❺ ______

2 잘 듣고 빈칸에 알맞은 단어를 써 넣으세요.

❶ A: Quả xoài này bao nhiêu một ______?

B: ______ một cân em ạ.

❷ A: Sao ______ thế!

B: Không ______ đâu.

❸ Tiếng Việt khó ______ tiếng Anh.

3 다음 질문을 듣고 알맞은 답을 고르세요.

질문 ______?

❶ Tôi thích cái này.

❷ Dạ, 600.000 đồng ạ.

❸ Cái này rất đắt.

읽기

MP3 06-06

Hôm nay tôi đã mua một cân xoài.

오늘 나는 망고 1kg를 샀습니다.

Ở cửa hàng bán hoa quả, có xoài xanh và xoài vàng.

과일 파는 가게에는 녹색 망고와 노란색 망고가 있습니다.

Người bán hàng nói xoài vàng ngon hơn xoài xanh.

판매자는 녹색 망고보다 노란색 망고가 맛있다고 말합니다.

Xoài vàng đắt hơn xoài xanh.

노란색 망고는 녹색 망고보다 비쌉니다.

Tôi thích xoài ngon hơn nên đã mua loại xoài vàng.

나는 더 맛있는 망고를 좋아해서 노란색 망고 종류를 샀습니다.

Ngày mai tôi sẽ làm sinh tố xoài.

내일 나는 망고 생과일주스를 만들 것입니다.

단어

mua 사다, 구매하다 cửa hàng 가게 bán 팔다 hoa quả 과일 người bán hàng 판매자, 판매원 nói 말하다 đắt 비싸다 thích 좋아하다 nên 그래서 loại 종류 ngày mai 내일 làm 만들다, 하다 sinh tố 생과일주스

쓰기

1 다음 문장을 따라 써 보세요.

Hôm nay tôi đã mua một cân xoài.

✎ ....

Ở cửa hàng bán hoa quả, có xoài xanh và xoài vàng.

✎ ....

Người bán hàng nói xoài vàng ngon hơn xoài xanh.

✎ ....

Xoài vàng đắt hơn xoài xanh.

✎ ....

Tôi thích xoài ngon hơn nên đã mua loại xoài vàng.

✎ ....

Ngày mai tôi sẽ làm sinh tố xoài.

✎ ....

2 다음 문장을 베트남어로 써 보세요.

이 옷은 저 옷보다 크다.

✎ ....

이 가방이 제일 비싸다.

✎ ....

2kg에 얼마입니까?

✎ ....

문화

1년 내내 망고를 맛볼 수 있는 곳! 베트남의 제철 과일

1년 내내 : 드래곤 후르츠, 수박, 바나나, 망고, 코코넛, 파인애플, 파파야

베트남에서 1년 내내 제철인 과일 중 가장 유명한 건 망고와 드래곤 후르츠입니다. 드래곤 후르츠는 하얀 과육에 참깨 같은 까만 씨가 촘촘히 박힌 모양으로, 매우 부드러워 골드 키위와 비슷한 맛을 지니고 있습니다. 망고는 겨울 전인 1~9월에 나오는 망고가 맛이 특히 좋습니다. 녹색 망고는 덜 익은 망고로 착각하기 쉽지만, 품종 자체가 녹색인 망고입니다. 녹색 망고도 노란 망고 못지않게 맛있으니 꼭 시도해 보세요.

4~6월 : 람부탄, 망고, 아보카도, 리치, 망고스틴, 두리안, 잭플루트, 포멜로

망고스틴은 요즘 한국에서 핫한 과일입니다. 망고스틴은 '과일의 여왕'으로도 불릴 만큼 맛있고 인기가 좋은 과일인데요, 두꺼운 껍질 가운데에 손을 넣어, 귤을 까듯이 펼쳐보면, 속살이 통마늘처럼 모여 있습니다. 그 식감은 부드럽고 새콤달콤해서 한 번 맛보면 왜 사람들이 과일의 여왕이라고 부르는지 알 수 있습니다. 무더운 계절에 여행할 때 상큼함을 가져다주는 과일입니다.

7~9월 : 람부탄, 감, 아보카도, 만다린, 자두, 잭플루트

람부탄은 과일로는 드물게 붉은색을 띠는 껍질과 털에 싸여 있는 과일입니다. 보기에는 생소해 보이지만 간편하게 먹기가 좋아 베트남 사람들에게 간식으로 많은 인기를 누리고 있는 과일입니다. 특히 7월이 제철이기에 이 시기부터 사람들이 많이 찾기 시작하는데, 희고 투명한 속살은 매우 부드럽고 달콤해서 리치와 비슷한 식감과 맛을 가지고 있습니다.

10~12월 : 스타 애플(1~3월), 만다린, 감, 랑삿

베트남에서 우유 과일로 불리는 스타 애플은 반으로 자른 단면이 별 모양과 같다고 합니다. 단단하며 속에서 하얀 과즙이 나오는데 맛은 부드러운 감 맛이 난다고 해요. 바로 먹을 경우에는 단단한 것이 아닌 말랑한 과일을 사야 떫은맛을 피할 수 있습니다. 랑삿은 동남아에서 흔히 볼 수 있는 과일입니다. 탁구공만 한 크기의 열매로 껍질을 까서 과육만 먹는데요, 쫀득쫀득하면서도 새콤달콤한 맛이 매력적이며 보통 설탕이나 시럽에 절여 먹기도 합니다.

망고스틴

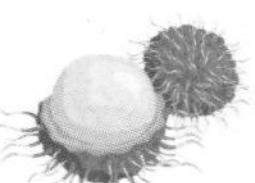
람부탄

포멜로

용과

스타애플

랑삿

만능 베트남어

맛있는 음식을 앞에 두고
참을 수 없는 한마디!

Ngon vãi!
응온 바이

완전 맛있다!

너무너무 맛있어서 그 진심을 과격하게 표현하고 싶을 때 사용하는 말입니다.
'vãi'는 'vãi chưởng'의 줄임말로 강렬한 감정이나 느낌을
확실하게 전달하고 싶을 때 쓰는
베트남 젊은 세대들의 핫한 신조어입니다.
우리말의 완전, 대박, 진심 등과 비슷하겠네요.
간단히 서술어의 뒤에 'vãi'를 붙이면 됩니다.

Sợ vãi!	완전 무서워!
ngu vãi.	너무 멍청하다.
hay vãi!	진심 완전 재밌잖아!

하지만 요즘 세대들이 즐겨 쓰는 신조어, 유행어인 만큼 자주 쓰면 과격한 표현으로
품의(?)를 잃을 수 있으니 적절한 때에만 사용하면 어떨까요?

내일은 내 친구의 생일입니다.

Ngày mai là sinh nhật bạn tôi.

토닥토닥 응원 메시지

벌써 7과에 도착했습니다. 정확히 지금까지 절반을 공부했네요. 꾸준히 단어, 문장, 회화, 문법, 말하기, 듣기 연습을 통해서 실력을 쌓고 계시지요?
전 여러분이 대단하다고 생각해요. 돌이켜 생각해보면 이 책을 집필한 저도 베트남어가 어려워서 도망 다니던 시절이 있었거든요!
이런 시절이 언젠가 추억이 되듯 우리 모두 이 시기를 조금만 버텨보아요! 화이팅!

01 지난 과 복습

1 다음 빈칸에 알맞은 말을 써 넣으세요.

숫자 21~100

21	22	23	24	25	26	27	28	29	30
31	35	40	45	50	60	70	80	90	100

숫자 1000 이상

1,000	2,000	10,000	100,000
천	이천	만	십만
1,000,000	10,000,000	100,000,000	1,000,000,000
백만	천만	억	십억

2 다음 문장을 베트남어로 완성하세요.

❶ 1kg에 얼마인가요? ____________________

❷ 어떻게 파세요? ____________________

❸ 어떤 과일이 더 맛있어요? ____________________

❹ 얼마인가요? ____________________

❺ 우리 반에서 내가 제일 키가 커요. ____________________

02 단어

MP3 07-01

날짜

1~12월 (월: tháng)

1월	2월	3월	4월	5월	6월	7월	8월	9월	10월	11월	12월
tháng một	tháng hai	tháng ba	tháng tư	tháng năm	tháng sáu	tháng bảy	tháng tám	tháng chín	tháng mười	tháng mười một	tháng mười hai

- '숫자 + 월'은 'tháng + 숫자'입니다.
- 4월은 'tháng tư'입니다.

1~31일 (일: ngày)

1일	2일	3일	4일	5일	6일	7일	8일	9일	10일
ngày mùng một	ngày mùng hai	ngày mùng ba	ngày mùng bốn	ngày mùng năm	ngày mùng sáu	ngày mùng bảy	ngày mùng tám	ngày mùng chín	ngày mùng mười
11일 ngày mười một	12일 ngày mười hai	13일 ngày mười ba	14일 ngày mười bốn	15일 ngày mười lăm	16일 ngày mười sáu	17일 ngày mười bảy	18일 ngày mười tám	19일 ngày mười chín	20일 ngày hai mươi
21일 ngày hai mươi mốt	22일 ngày hai mươi hai	23일 ngày hai mươi ba	24일 ngày hai mươi bốn	25일 ngày hai mươi lăm	26일 ngày hai mươi sáu	27일 ngày hai mươi bảy	28일 ngày hai mươi tám	29일 ngày hai mươi chín	30일 ngày ba mươi
31일 ngày ba mươi mốt									

- '숫자 + 일'은 'ngày + 숫자'입니다.
- 1~10일 앞에는 'mùng'또는 'mồng'을 붙입니다. 이때 ngày는 생략 가능합니다.
- 7일의 7은 'bảy' 또는 'bẩy', 24일의 4는 'bốn' 또는 'tư', 25일의 5는 'lăm' 또는 'nhăm'이라고 읽습니다.

요일

일요일	월요일	화요일	수요일	목요일	금요일	토요일
chủ nhật	thứ hai	thứ ba	thứ tư	thứ năm	thứ sáu	thứ bảy

그제	어제	오늘	내일	모레
hôm kia	hôm qua	hôm nay	ngày mai	ngày kia

- 요일은 일요일을 제외하고 서수로 표현해요. 일요일이 첫 번째 날이기 때문에 월요일은 두 번째 날입니다.
- 베트남어의 서수: 'thứ + 기수'이며, 첫 번째(thứ nhất)와 네 번째(thứ tư)는 기수에서 한자어 숫자 'nhất', 'tư'를 사용해요.

03 단어 연습

1 1월부터 12월까지 차례대로 연결하세요. 어떤 그림이 완성될까요?

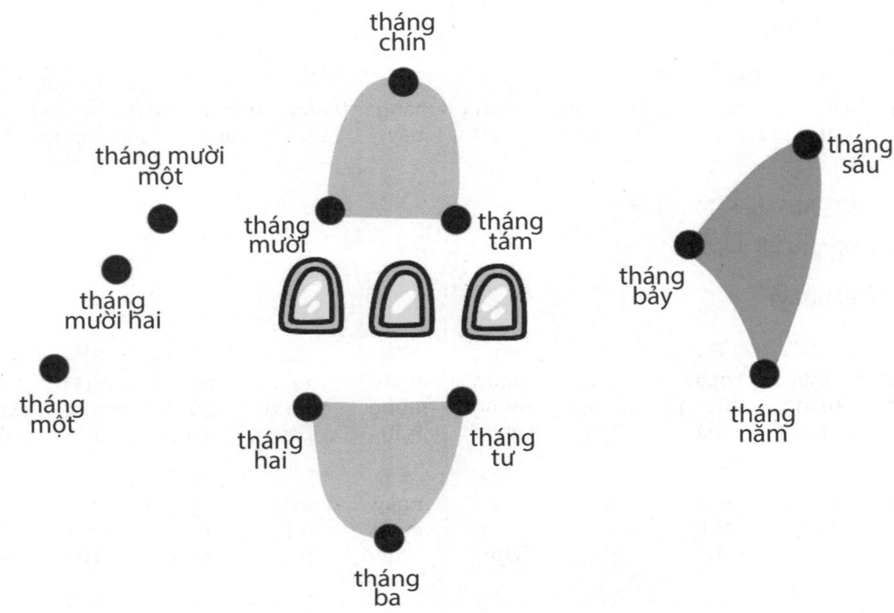

2 다음을 읽고 몇 월 며칠인지 써 보세요.

예 ngày mùng hai tháng một (1월 2일)

❶ ngày mùng bảy tháng tám ( )

❷ ngày ba mươi mốt tháng mười hai ( )

❸ ngày hai mươi ba tháng mười ( )

❹ ngày mồng năm tháng bẩy ( )

❺ ngày hai mươi tư tháng mười một ( )

문장

MP3 07-02

A: **Hôm nay là ngày mấy/bao nhiêu tháng mấy?** 오늘은 몇 월 며칠입니까?

B: **Hôm nay là ngày mùng hai tháng tư.** 오늘은 4월 2일입니다.

날짜를 물어볼 때는 의문사 'mấy', 'bao nhiêu' 둘 중 아무거나 사용해도 돼요.
기간을 나타낼 때는 '숫자 + ngày', '숫자 + tháng'입니다. 어순에 유의하세요!

Tôi sẽ đi du lịch trong 5 ngày. 나는 5일 동안 여행을 갈 것이다.

Anh Xuân đã học tiếng Việt 4 tháng. Xuân오빠(형)는 베트남어를 4개월 공부했다.

1일(날짜)	1일(기간)	2월	2개월
ngày mùng một	một ngày	tháng hai	hai tháng

A: **Hôm nay là thứ mấy?** 오늘은 무슨 요일인가요?

B: **Hôm nay là thứ ba.** 오늘은 화요일입니다.

요일을 물어볼 때는 의문사 'mấy'를 사용해요.

A: **Chị sinh năm bao nhiêu/nào?** 언니는 몇/어느 년생이세요?
(몇/어느 년도에 태어났나요?)

B: **Chị sinh năm 1996.** 언니는 1996년생이야.

'년', '해'는 'năm'입니다. 년도를 표현할 때는 'năm + 숫자', 기간을 표현할 때는 '숫자 + năm'입니다.
년도를 물어볼 때는 의문사 'bao nhiêu', 'nào'를 사용해요.

Tôi đã sống ở Việt Nam 6 năm. 나는 베트남에서 6년 살았다.

Em sẽ đi Việt Nam vào năm 2024. 저는 2024년에 베트남에 갈 거예요.

2023년	1994년	1년(기간)	3년(기간)
năm hai nghìn không trăm hai mươi ba	năm một nghìn chín trăm chín mươi bốn	một năm	ba năm

단어

sẽ + 동사 ~할 것이다, 미래형 du lịch 여행, 여행하다 trong ~안에, ~중에 sống 살다 vào ~에(날짜, 요일 등 시간 앞에 쓰는 전치사)
sinh 태어나다 năm ~년

05 문장 연습

1 달력을 참고하여 답변을 완성하세요.

10 月

日	月	火	水	木	金	土
		1	2	3	4	5
6	7	8	9	10	11	12
13	14	오늘 15	16	17	18	19
20	21	22	생일 23	24	25	26
27	28	29	30	31		

❶ Hôm nay là ngày bao nhiêu, tháng mấy?
오늘은 몇 월 며칠인가요?

→ ______________________

❷ Hôm nay là thứ mấy?
오늘은 무슨 요일인가요?

→ ______________________

❸ Ngày mai là ngày bao nhiêu, tháng mấy?
내일은 몇 월 며칠인가요?

→ ______________________

❹ Sinh nhật là thứ mấy?
생일은 무슨 요일인가요?

→ ______________________

2 그림을 보고 다음 Hải 씨 가족의 생년을 말해 보세요.

아빠 Bố Hải (1986년생)　아들 Hải (2017년생)　엄마 Mẹ Hải (1989년생)

❶ Bố Hải sinh năm bao nhiêu?

→ ______________________

❷ Hải sinh năm nào?

→ ______________________

❸ Mẹ Hải sinh năm bao nhiêu?

→ ______________________

단어

sinh nhật 생일　bố 아버지　mẹ 어머니

회화

MP3 07-03

Hà Hôm nay là ngày bao nhiêu?

Min-su Hôm nay là ngày mùng 2 tháng 11.

Hà Anh sẽ đi công tác vào thứ mấy?

Min-su Vào thứ năm tuần sau.

Hà Ngày sinh nhật anh là ngày nào?

Min-su Là ngày mùng 8 tháng 11.

Hà Ồ, sắp đến rồi. Chúc mừng sinh nhật anh trước nhé!

Min-su Cám ơn em nhiều.

하 오늘은 며칠이죠?

민수 오늘은 11월 2일이야.

하 오빠는 무슨 요일에 출장을 가나요?

민수 다음 주 목요일에.

하 오빠 생일은 어느 날이죠?

민수 11월 8일이야.

하 오, 곧이네요. 생일을 미리 축하해요.

민수 정말 고마워.

07 회화 연습

본문을 소리 내어 5번 읽고 아래와 같이 동그라미 해주세요!

Hà **Hôm nay là ngày bao nhiêu?**
홈 나이 라 응아이 바오 니에우

날짜를 물어볼 때 간단하게 'ngày mấy?'라고만 질문해도 됩니다.

mấy 몇, 얼마나 (10 이하의 수를 물어볼 때 사용)

Min-su **Hôm nay là ngày mùng 2 tháng 11.**
홈 나이 라 응아이 뭉하이 탕 므에이 못

Hà **Anh sẽ đi công tác vào thứ mấy?**
아잉(안) 쌔 디 꽁 딱 바오 트 머이

'vào'는 시간 앞에 붙는 전치사로 날짜, 요일, 계절 앞에 위치합니다. 해석은 '~에'라고 해요.

sẽ ~할 것이다(미래형) công tác 출장 vào ~에

Min-su **Vào thứ năm tuần sau.**
바오 트 남 뚜언 싸우

지난주	이번 주	다음 주
tuần trước	tuần này	tuần sau

tuần 주 sau 다음

Hà **Ngày sinh nhật anh là ngày nào?**
응아이 씽 녓 아잉(안) 라 응아이 나오

생일, 기념일, 공휴일 등, 구체적인 일자에 대해 질문할 때는 'ngày nào(어느 날)'을 사용해서 물어봅니다.

ngày sinh nhật 생일날 nào 어느, 어떤

Min-su **Là ngày mùng 8 tháng 11.**
라 응아이 뭉 땀 탕 므에이 못

Hà **Ồ, sắp đến rồi.**
오 쌉 덴 조이(로이)

Chúc mừng sinh nhật anh trước nhé!
쭉 믕 씽 녓 아잉(안) 쯔억 녜

'sắp ~ rồi' 미래 완료형으로 곧 다가오는 미래를 나타낼 때 사용되며 '곧 ~할 것이다'라고 해석해요.

부사 'trước'은 문장 끝이나 동사 뒤에서 '먼저, 미리'라는 뜻으로 사용해요.

sắp ~ rồi (미래 완료) 곧 ~하다 đến 오다, 도착하다 chúc mừng 축하해, 축하합니다 trước 앞, 전, 미리

Min-su **Cám ơn em nhiều.**
깜 언 앰 니에우

nhiều 많은

문법

미래 완료

1. 긍정문

주어 + sắp + 동사 + 목적어 + rồi　주어는 곧 목적어를 ~할 것이다.

미래 완료는 매우 가깝고 임박한 미래를 나타내기 위해 미래를 완료형으로 표현한 것입니다.
아직 이루어지진 않은 사실이지만 매우 가까우므로 완료를 나타내는 'rồi'를 써서 표현합니다.

Anh ấy sắp đến nơi rồi.　그는 장소에 곧 도착해요. (그는 장소에 다 와 가요.)

Mình sắp làm xong rồi.　나 곧 다해. (나 다해가.)

2. 의문문

주어 + sắp + 동사 + 목적어 + chưa?　주어는 목적어를 곧 ~하나요?

의문문은 'sắp ~ chưa?'의 형태로 만듭니다.

Anh ấy sắp đến nơi chưa?　그는 곧 장소에 도착하나요?

Bạn sắp làm xong chưa?　너는 곧 다 끝나니?

전치사 vào

주어 + 동사 + 목적어 + vào + 시간　주어는 시간에 목적어를 ~한다.

'vào' 뒤에는 날짜, 요일, 시즌, 계절 등과 같은 시간 명사가 위치해요. 'vào + 시간'이 문장 제일 앞으로 와도 됩니다.

Tôi về nước vào ngày 11 tháng 3.　나는 3월 11일에 귀국해.

Vào ngày tết, mọi người được nghỉ.　설날에 모든 사람은 쉰다.

단어

đến 도착하다, 오다　nơi 장소　làm 일하다　xong 끝나다　về nước 귀국하다　ngày tết 설날　mọi người 모든 사람　nghỉ 쉬다

09 문법 연습

1 다음 예와 같은 형태로 문장을 미래 완료형과 미래 완료형 의문문으로 바꾸세요.

예 đến tết → Sắp đến tết rồi. Sắp đến tết chưa?

❶ xong

→ ______________ ______________

❷ về đến nhà

→ ______________ ______________

❸ đến lớp

→ ______________ ______________

❹ học xong

→ ______________ ______________

잠깐 'đến + 시간 명사'는 '시간 명사가 되다'라고 해석해요. 예) đến 1 giờ. 1시가 되다.

2 다음 예와 같이 보기에서 알맞은 전치사를 골라 넣어 완성하세요.

보기	lúc	ở	vào	với

예 Tôi sẽ đi công tác (vào) thứ tư.

❶ Anh Minh đi du lịch (   ) Hà Nội.

❷ Chúng ta gặp nhau (   ) 5 giờ chiều.

❸ Mẹ tôi định về quê (   ) ngày mùng 9.

❹ Tôi muốn đi du lịch (   ) bạn tôi.

단어

tết 설날 xong 끝나다, 마치다 về đến nhà 집에 도착하다 đến lớp 수업에 오다 công tác 출장 du lịch 여행하다 chúng ta 우리 nhau 서로 định ~할 예정이다 về quê 고향에 돌아가다

말하기

MP3 07-04

1 다음 문장을 3번씩 발음해 보세요.

Hôm nay là thứ mấy, ngày bao nhiêu, tháng mấy, năm nào?

Ngày mai là sinh nhật của tôi.

Tôi sẽ đi du lịch ở Việt Nam vào ngày sinh nhật tôi.

2 다음 패턴으로 말해 보세요.

A: Hôm nay là thứ mấy?

B: Hôm nay là thứ tư.

❶ ngày mai / thứ bảy
❷ hôm kia / chủ nhật
❸ ngày kia / thứ sáu
❹ hôm qua / thứ hai

3 다음 패턴으로 말해 보세요.

A: Ngày sinh nhật bạn là ngày nào?

B: Ngày sinh nhật tôi là ngày mùng 8 tháng 8.

❶ ngày Quốc khánh / mùng 2, 9
❷ ngày Thống nhất / 30, 4
❸ tết Trung thu /15, 8 theo âm lịch
❹ ngày Tết / mùng 1, 1 theo âm lịch

단어

ngày Quốc khánh 국경절 thống nhất 통일 tết 명절, 설날 Trung thu 추석

듣기

MP3 07-05

1 잘 듣고 보기에서 알맞은 단어를 써 넣으세요.

보기 ngày năm tháng sinh nhật thứ tư

❶ ________ ❷ ________

❸ ________ ❹ ________

❺ ________

2 잘 듣고 빈칸에 알맞은 단어를 써 넣으세요.

❶ A: Hôm nay là ngày ________?

B: Hôm nay là ngày 18 tháng 3.

❷ A: Năm nay là năm ________?

B: Năm nay là năm 2023.

❸ A: Bạn sẽ đi công tác vào thứ mấy?

B: Mình sẽ đi công tác ở Việt Nam vào ________.

3 다음 질문을 듣고 알맞은 답을 고르세요.

질문 ________?

❶ Ngày 11 tháng 3 là thứ bảy.

❷ Ngày đó không phải là sinh nhật anh ấy mà.

❸ Tôi được nghỉ vào thứ bảy.

읽기

MP3 07-06

Hôm nay là thứ hai ngày mùng một tháng năm năm hai nghìn không trăm hai mươi ba.

오늘은 2023년 5월 1일 월요일입니다.

Hôm nay là ngày Quốc tế Lao động.

오늘은 국제 노동절입니다.

Hôm nay mọi người được nghỉ, không đi làm.

오늘 모든 사람들은 쉬고, 일하러 가지 않습니다.

Còn ngày mai là sinh nhật của vợ tôi.

그리고 내일은 나의 아내의 생일입니다.

Tôi đã mua quà sinh nhật cho cô ấy.

나는 그녀를 위한 생일 선물을 샀습니다.

Cả gia đình tôi sẽ cùng đi ăn tối ở một nhà hàng nổi tiếng vào ngày mai.

우리 온 가족은 내일 함께 유명한 레스토랑에 저녁을 먹으러 갈 것입니다.

단어

quốc tế 국제 lao động 노동 mọi người 모든 사람 nghỉ 쉬다 đi làm 일하러 가다 vợ 아내 mua 사다 quà sinh nhật 생일 선물 cho ~를 위해서 cả 모든 cùng 함께 nhà hàng 레스토랑 nổi tiếng 유명하다

쓰기

1 다음 문장을 따라 써 보세요.

Hôm nay là thứ hai ngày mùng một tháng năm năm hai nghìn không trăm hai mươi ba.

✎ ....

Hôm nay là ngày Quốc tế Lao động.

✎ ....

Hôm nay mọi người được nghỉ, không đi làm.

✎ ....

Còn ngày mai là sinh nhật của vợ tôi.

✎ ....

Tôi đã mua quà sinh nhật cho cô ấy.

✎ ....

Cả gia đình tôi sẽ cùng đi ăn tối ở một nhà hàng nổi tiếng vào ngày mai.

✎ ....

2 다음 문장을 베트남어로 써 보세요.

오늘은 몇 월 며칠입니까?

✎ ....

내일은 무슨 요일입니까?

✎ ....

당신의 생일은 어느 날입니까?

✎ ....

문화

묘하게 신경 쓰이게 하는 베트남의 미신

나라마다 같은 듯 다른 듯 미신은 다양하게 퍼져 있습니다. 우리나라에도 빨간색으로 이름을 쓰면 안 된다, 밤에 손톱을 깎으면 부모님의 임종을 못 지킨다 등 증명된 건 없지만 어기면 괜히 찜찜한 미신들이 많이 있는데요, 베트남에도 이런 미신들이 몇 가지 있다고 하여 소개해 볼까 합니다.

시험 전 땅콩, 호박, 계란, 바나나 피해주세요!

베트남 학생들은 시험 전에 땅콩, 호박, 계란, 바나나 등을 먹지 않습니다. 땅콩 'lạc(락)'은 낙제와 발음이 비슷하고, 호박을 뜻하는 단어 발음 'bí'가 '해결하기 힘든 난제'라는 단어와 유사하기 때문입니다. 계란 'Trứng(쯩)'은 0과 모양이 닮아서 먹지 않는다고 해요. 베트남어에선 '시험에 떨어졌다'를 '시험에서 미끄러진다(trượt)'라는 표현으로 사용하는데, 그래서 시험 전에는 미끄러운 껍질을 가진 바나나를 피한다고 합니다.

제일 좋아하는 숫자는 9! 싫어하는 숫자는 13!

베트남 사람들이 싫어하는 숫자는 13입니다. 보통 아시아권 국가들은 숫자 4가 '死(죽을 사)'를 떠오르게 해서 피하는 숫자 중 하나입니다만 베트남은 서양에서 싫어하는 숫자를 금기시하고 있습니다. 13층은 보통 12A로 표기하거나 12층 다음에 바로 14층으로 건너뛰기도 합니다. 베트남 사람들이 좋아하는 숫자는 9인데, 그건 10으로 가기 전 가장 큰 숫자이기 때문입니다. 이런 이유로 자신의 핸드폰 번호나, 차량 번호에 9를 넣으려고 하는 사람들이 많습니다.

장사, 사업, 출장 등 중요한 날에 꼭 참고해요!

베트남의 가게에 가보면 대부분 신단에 향을 펴 놓는 곳들이 많이 있습니다. 장사를 위해서 조상신의 도움을 받아야 한다고 믿기 때문입니다. 우리나라와 비슷하게 새 차를 샀을 때 제사를 지내거나, 사업을 할 때 풍수지리와 개업 날짜를 중요하게 생각하는 미신들도 남아 있어요. 베트남에선 보통 음력 7일에는 어디를 가지 않고, 음력 3일에는 돌아오지 말아야 한다는 말이 있어 이 날짜에는 멀리 이동하는 것을 기피한다고 합니다.

만능 베트남어

기분 좋은 날
멋진 친구가 되고 싶을 때!

Tôi khao!
또이 카오

내가 쏜다!

내가 낼게!

'khao'는 본래 '노고를 치하하고 위로하다'라는,
'대접하다'의 뜻을 가지고 있어요.
실생활 회화에서 우리말의 '쏜다!'와 매우 비슷합니다.
만약 친구에게 '너가 쏴!'라고 하려면 어떻게 해야 할까요?

"Bạn khao đi!"
반 카오 디

너가 쏴!

누군가 쏘는 것이 부담스러운 날에는 '각자내자', '더치페이하자'로

"Tiền ai người nấy trả."
띠엔 아이 응으어이 너이 짜

더치페이하자.

'각자 지불한다'라는 뜻입니다.
상황에 맞게 한턱내기도 하고 더치페이도 하면서
베트남 친구들과 즐거운 식사를 즐기세요.

8 아침마다 운동합니다.

Sáng nào tôi cũng tập thể dục.

토닥토닥 응원 메시지

베트남 사람과 쉽게 친해지려면 어떤 주제로 대화하면 좋을까요? 다른 나라 사람들과 친목을 쌓는 건 쉬운 일은 아닙니다. 여러 가지 주제가 있겠지만, 일상생활과 관련된 이야기를 하면 서로 공감할 수 있는 부분이 많이 있을지도 몰라요! 이번 과에선 일상에서 사용하는 베트남어를 잔뜩 배우니 자신감 충전해 봅시다!

베트남어로 화이팅 한번 외쳐볼까요? Cố lên!(고 렌)!

01 지난 과 복습

1 다음 빈칸에 알맞은 말을 써 넣으세요.

월

1월	2월	3월	4월	5월	6월	7월	8월	9월	10월	11월	12월
tháng một				tháng năm	tháng sáu		tháng tám		tháng mười		tháng mười hai

일

1일	2일	3일	4일	5일	6일	7일	8일	9일	10일
ngày mùng một	ngày mùng hai		ngày mùng bốn		ngày mùng sáu		ngày mùng tám		ngày mùng mười
11일	**12일**	**13일**	**14일**	**15일**	**16일**	**17일**	**18일**	**19일**	**20일**
	ngày mười hai		ngày mười bốn				ngày mười tám		
21일	**22일**	**23일**	**24일**	**25일**	**26일**	**27일**	**28일**	**29일**	**30일**
ngày hai mươi mốt			ngày hai mươi bốn	ngày hai mươi lăm				ngày hai mươi chín	ngày ba mươi
31일									

요일

일요일	월요일	화요일	수요일	목요일	금요일	토요일

시간 명사

그제	어제	오늘	내일	모레

단어

MP3 08-01

일상생활

thức dậy	기상하다, 일어나다	**rửa mặt**	세수하다
đánh răng	양치하다	**mặc áo**	옷을 입다
về nhà	귀가하다	**nấu ăn**	요리하다
đi làm	일하러 가다, 출근하다	**lái xe**	운전하다
đến công ty	회사에 도착하다	**làm việc**	일을 하다
nghe nhạc	음악을 듣다	**xem tivi**	티비를 보다
học tiếng Việt	베트남어를 공부하다	**tắm rửa**	샤워하다, 목욕하다
đọc sách	독서하다	**tập thể dục**	운동하다
ăn sáng / trưa / tối	아침/점심/저녁을 먹다	**đi ngủ**	잠자리에 들다

빈도 부사

항상	보통, 자주	때때로, 가끔씩	거의 ~하지 않는다	전혀 ~하지 않는다
luôn luôn	thường, hay	thỉnh thoảng, đôi khi	ít khi	không bao giờ

빈도 부사의 위치는 일반적으로 주어 뒤, 동사 앞이며 thỉnh thoảng, đôi khi, ít khi, không bao giờ는 문장 제일 앞에 위치할 수 있어요.

03 단어 연습

1 다음을 올바르게 연결하세요.

	đánh răng	아침을 먹다
	rửa mặt	목욕을 하다
	tập thể dục	TV를 보다
	ăn sáng	세수하다
	xem tivi	음악을 듣다
	nghe nhạc	이를 닦다
	tắm rửa	운동하다

2 다음 빈도 부사의 뜻을 쓰세요.

luôn luôn → ______________________

thường → ______________________

hay → ______________________

thỉnh thoảng → ______________________

đôi khi → ______________________

ít khi → ______________________

không bao giờ → ______________________

문장

MP3 08-02

Tôi luôn ăn sáng. 나는 항상 아침을 먹습니다.

Anh ấy đôi khi xem phim. 그는 때때로 영화를 봅니다.

빈도 부사 'luôn'과 'luôn luôn'은 같은 뜻으로 주어 뒤, 동사 앞에 옵니다.
'đôi khi'는 주어 앞, 뒤 모두 올 수 있습니다.

Anh ấy luôn luôn ăn tối ở nhà. 그는 항상 집에서 저녁을 먹습니다.

Đôi khi tôi tập thể dục. 때때로 나는 운동을 합니다.

A: **Bạn có thường đọc sách không?** 당신은 자주 독서를 합니까?

B1: **Có, tôi thường đọc sách.** 네, 나는 자주 독서를 합니다.

B2: **Không, tôi ít khi đọc sách.** 아니오, 나는 좀처럼 독서를 하지 않습니다.

'thường'과 'hay'는 같은 뜻으로 대체하여 쓸 수 있고 주어 뒤, 동사 앞에 옵니다.
'ít khi'는 '좀처럼 ~하지 않는다'라는 부정문으로 해석하며 주어 앞, 뒤에 모두 올 수 있습니다.

Anh có hay xem tivi không? 오빠, 형은 자주 TV를 보나요?

Không, ít khi anh xem tivi. 아니, 좀처럼 나는 TV를 보지 않아.

Khi tập thể dục, tôi thường nghe nhạc.
운동할 때, 나는 주로 음악을 들어요.

'khi'는 '~할 때'라는 뜻으로 반드시 뒤에 서술어 또는 절이 옵니다. 'khi A thì B(A할 때 B한다)' 라는 구문으로 사용할 수도 있습니다.

Khi xem phim thì tôi thường ăn gà rán. 영화를 볼 때 나는 주로 치킨을 먹는다.

단어

phim 영화 gà rán 치킨

본문을 소리 내어 5번 읽고 아래와 같이 동그라미 해주세요!

1 아래 문장을 올바르게 연결하세요.

❶ 그는 항상 독서를 한다. ● ● Chị ấy thỉnh thoảng lái xe.

❷ 그 언니는 가끔씩 운전을 한다. ● ● Em ấy không bao giờ tắm rửa.

❸ 그 동생은 전혀 목욕을 하지 않는다. ● ● Tôi ít khi đi ngủ trước 10 giờ.

❹ 나는 좀처럼 10시 전에 잠자리에 들지 않는다. ● ● Anh ấy luôn đọc sách.

2 다음 하루 일과를 보고 질문에 답하세요.

Hà의 하루 일과표

◇하루 일과표◇

7:30~8:00	기상 및 세면, 방정리
8:00~8:30	아침 식사 및 양치
8:30~4:30	학교 등교 및 수업, 방과후
6:00~7:00	저녁 식사
7:00~8:00	공부 및 숙제
8:00~9:00	자유시간
10:00~10:30	샤워 및 일기
10:30~7:30	취침

❶ Hà thường đi học lúc mấy giờ?
Hà는 주로 몇 시에 학교에 가나요?

→ ______________________

____

❷ Hà có thường ăn sáng không?
Hà는 주로 아침을 먹나요?

→ ______________________

____

❸ Hà thường làm gì lúc 7 giờ tối?
Hà는 주로 저녁 7시에 무엇을 하나요?

→ ______________________

____

❹ Hà thường đi ngủ lúc mấy giờ?
Hà는 주로 몇 시에 잠자리에 드나요?

→ ______________________

____

단어

sinh nhật 생일 mẹ 어머니

회화

MP3 08-03

Minh Bạn thường thức dậy lúc mấy giờ?

Yu-na Lúc 7 giờ rưỡi.

Minh Buổi sáng bạn có thường tập thể dục không?

Yu-na Sáng nào mình cũng tập thể dục.

Minh Sau khi tập thể dục, bạn thường làm gì?

Yu-na Mình thường đi tắm rồi ăn sáng.

Minh Ồ, bạn có thường tự nấu ăn cho mình không?

Yu-na Có, mình thích nấu ăn mà.

밍 너는 보통 몇 시에 일어나?

유나 7시 반에.

밍 아침에 너는 보통 운동을 하니?

유나 아침마다 나는 운동을 해.

밍 운동하고 나서 너는 주로 뭐 해?

유나 나는 보통 샤워하러 갔다가 아침을 먹지.

밍 오, 너는 보통 자신을 위해 스스로 요리하니?

유나 응, 나 요리하는 거 좋아하잖아.

회화 연습

본문을 소리 내어 5번 읽고 아래와 같이 동그라미 해주세요!

Minh	Bạn thường thức dậy lúc mấy giờ? 반 트엉 특 져이(여이) 룩 머이 져(여)	thường을 서술어 앞에 넣어서 주어의 습관에 대해 묻거나 답합니다. thường 보통, 자주, 주로 thức dậy 일어나다, 기상하다
Yu-na	Lúc 7 giờ rưỡi. 룩 바이(베이)져(여) 즈어이(르어이)	giờ ~시 rưỡi 반, 절반
Minh	Buổi sáng bạn có thường tập thể dục không? 부오이 쌍 반 꼬 트엉 떱 테 죽(육) 콩	'주어+có thường ~ không?'은 '자주 ~하세요?'라는 뜻으로 습관을 물어봐요. buổi sáng 아침, 오전 tập thể dục 운동하다
Yu-na	Sáng nào mình cũng tập thể dục. 쌍 나오 밍 꿍 떱 테 죽(육)	'시간 명사+nào ~ cũng~ 구문'은 '어떤 명사라도 또한 ~한다'라는 뜻으로 때에 따른 반복적인 습관이나 활동에 대해 말할 때 사용해요. sáng 아침 cũng 또한, 역시
Minh	Sau khi tập thể dục, bạn thường làm gì? 싸우 키 떱 테 죽(육) 반 트엉 람 지(이)	'sau khi+동사'는 '~한 후에'라는 뜻입니다. khi 뒤에는 서술어, 절이 위치해요. sau khi ~한 후에
Yu-na	Mình thường đi tắm rồi ăn sáng. 밍 트엉 디 땀 조이(로이) 안 쌍	'A+rồi+B'는 'A하고 나서 B한다'라는 뜻입니다. đi tắm 샤워하러 간다 ăn sáng 아침을 먹는다
Minh	Ồ, bạn có thường tự nấu ăn cho mình không? 오 반 꼬 트엉 뜨 너우 안 쪼 밍 콩	'tự+동사'는 '스스로 ~하다'라는 뜻입니다 cho는 여러가지 뜻을 가지고 있어서 문법 파트에서 자세히 살펴볼게요. tự 스스로 nấu ăn 요리하다 cho ~에게, ~를 위해
Yu-na	Có, mình thích nấu ăn mà. 꼬 밍 틱 너우 안 마	'mà'는 문장 끝에 위치하여 화자의 말하는 바를 강조하는 기능입니다. '~이잖아!, ~하잖아!' 등으로 해석합니다.

문법

cho 탐구하기

1. cho의 동사 용법(1)

cho + 사람 + 명사 사람에게 명사를 주다.

cho의 첫 번째 동사 용법으로 여기서 cho는 '~주다'의 뜻입니다.

Mẹ cho con tiền tiêu vặt. 엄마는 자녀에게 용돈을 주다.

2. cho의 동사 용법(2)–사역 동사

cho + 사람 + 동사 사람이 ~하게 해 주다/하다.

두 번째 동사 용법은 사역 동사로 여기서 cho는 '~하게 하다, ~하게 해 주다'입니다.

cho tôi biết 나에게 알려주다. (내가 알게 해 주다)

Xin cho tôi gặp Bạn Minh. 친구 밍을 만나게 해 주세요. (전화상: 바꿔주세요)

3. cho의 전치사 용법

주어 + 동사 + 목적어 + cho + 대상

Anh ấy gọi điện thoại cho tôi. 그는 나에게 전화를 건다.

Tôi mua quà cho bạn tôi. 나는 나의 친구를 위해 선물을 산다.

khi 탐구하기

khi + 서술어 또는 khi + 주어 + 서술어

'khi'는 '~할 때'라는 뜻으로 khi 뒤에는 반드시 서술어가 있어야 해요. 이때 서술어의 주어가 함께 쓰일 수 있어요. 'khi A thì B'의 형태로 쓰여 'A할 때 B하다'라고 해석하기도 해요.

Khi rảnh, tôi thường đi dạo. 한가할 때 나는 보통 산책을 한다.

Khi tôi làm bài tập thì em gái tôi đang xem tivi. 내가 숙제를 할 때 내 여동생은 TV를 보고 있다.

'trước khi ~하기 전에', 'trong khi ~하는 중에', 'sau khi ~한 후에'도 khi와 같이 뒤에는 반드시 서술어가 있어야 해요.

단어

tiền tiêu vặt 용돈 biết 알다 gọi 전화하다 điện thoại 전화 mua 구매하다, 사다 quà 선물 đi dạo 산책하다 bài tập 숙제

09 문법 연습

1 다음 예와 같은 형태로 cho의 사역 동사 문장을 완성하고 뜻을 쓰세요.

예 biết (알다) → cho tôi biết. 나에게 알려주다.

❶ xem (보다) → ______ ______

❷ hỏi (묻다) → ______ ______

❸ gặp (만나다) → ______ ______

❹ đến (도착하다) → ______ ______

잠깐 'cho tôi đến +장소'는 '그 장소에 도착하게 해 주세요'

2 다음 빈칸에 알맞은 단어를 보기에서 골라 넣고 뜻을 쓰세요.

보기 khi cho trước khi sau khi

예 Anh ấy gọi điện thoại (cho) tôi. → 그는 나에게 전화를 했다.

❶ (   ) ăn cơm, con phải rửa tay.

→ ______

❷ (   ) ăn cơm, tôi thường uống cà phê.

→ ______

❸ (   ) rảnh, bạn ấy thường xem phim.

→ ______

❹ Xin (   ) tôi biết số điện thoại của thầy Nam.

→ ______

단어

rửa 씻다 tay 손 uống 마시다 cà phê 커피 rảnh 한가하다 bạn ấy 그 친구 số 번호 thầy 남자 선생님

말하기

MP3 08-04

1 다음 문장을 3번씩 발음해 보세요.

Trước khi xem phim, tôi thường mua đồ uống.

Khi xem phim, tôi thường ăn bắp rang bơ.

Sau khi xem phim, tôi đi ăn tối ở nhà hàng.

2 다음 패턴으로 말해 보세요.

A: Sau khi thức dậy, bạn thường làm gì?

B: Sau khi thức dậy, tôi thường ăn sáng.

❶ về đến nhà / đi tắm

❷ đến công ty / kiểm tra e-mail

❸ ăn trưa / uống cà phê

❹ làm việc xong / tập thể dục

3 다음 패턴으로 말해 보세요.

A: Bạn có thường học tiếng Việt không?

B: Ngày nào tôi cũng học tiếng Việt.

❶ nấu ăn / ngày / nấu ăn

❷ ăn phở / tuần / ăn phở

❸ đi xem phim / tháng / đi xem phim

❹ đi du lịch ở Việt Nam / năm / đi du lịch ở Việt Nam.

단어

đồ uống 음료수 bắp rang bơ 팝콘 nhà hàng 레스토랑 về đến nhà (집에 귀가하여) 도착하다 kiểm tra 검사하다 xong 끝나다 tuần 주 tháng 월 năm 년

듣기

MP3 08-05

1 잘 듣고 알맞은 단어를 쓰세요.

❶ ______ ❷ ______

❸ ______ ❹ ______

❺ ______

2 잘 듣고 빈칸에 알맞은 단어를 써 넣으세요.

❶ A: Anh có thường ______ không?

B: Có, ngày nào anh cũng ______.

❷ A: ______ rảnh, bạn thường làm gì?

B: ______ rảnh, mình thường đọc sách.

❸ A: Sau khi ăn tối em thường làm gì?

B: Em đi tắm ______ xem tivi.

3 다음 질문을 듣고 알맞은 답을 고르세요.

질문 ______ ?

❶ Có, ngày nào tôi cũng nghe nhạc.

❷ Đọc sách là một trong những sở thích của tôi.

❸ Tôi thích ca sĩ Việt Nam.

읽기

MP3 08-06

Tôi thường thức dậy lúc 7 giờ sáng.

나는 주로 아침 7시에 일어납니다.

Sau khi thức dậy, tôi thường đi tắm rồi ăn sáng.

일어난 후에 나는 주로 샤워하러 갔다가 아침을 먹습니다.

Sáng nào tôi cũng ăn phở bò.

아침마다 나는 역시 소고기 쌀국수를 먹습니다.

Tôi thường đi làm lúc 7 giờ rưỡi.

나는 보통 7시 반에 일하러 갑니다.

Ngày nào tôi cũng lái xe đến công ty.

날마다 나는 회사까지 운전합니다.(운전해서 회사를 갑니다.)

Tôi thỉnh thoảng ăn trưa với các đồng nghiệp ở quán bún chả.

나는 종종 분짜 가게에서 동료들과 점심을 먹습니다.

Tôi ít khi tập thể dục.

나는 거의 운동하지 않습니다.

Buổi tối tôi thường chơi game hoặc xem tivi.

저녁에 나는 주로 게임을 하거나 TV를 봅니다.

단어

đồng nghiệp 동료 quán bún chả 분짜 가게 chơi game 게임하다 hoặc 또는, 혹은

쓰기

1 다음 문장을 따라 써 보세요.

Tôi thường thức dậy lúc 7 giờ sáng.

✎ ....

Sau khi thức dậy, tôi thường đi tắm rồi ăn sáng.

✎ ....

Sáng nào tôi cũng ăn phở bò.

✎ ....

Tôi thường đi làm lúc 7 giờ rưỡi.

✎ ....

Ngày nào tôi cũng lái xe đến công ty.

✎ ....

Tôi thỉnh thoảng ăn trưa với các đồng nghiệp ở quán bún chả.

✎ ....

....

Tôi ít khi tập thể dục.

✎ ....

Buổi tối tôi thường chơi game hoặc xem tivi.

✎ ....

베트남 사람들의 아침 식사 문화

우리나라 사람들은 아침을 집에서 주로 해먹을 때도 있지만, 베트남 사람들은 보통 밖에서 사 먹을 때가 많습니다. 이 때문에 동네 거리뿐만 아니라 회사가 모여 있는 곳에서도 아침에만 따로 장사하는 길거리 식당을 많이 찾아볼 수 있어요. 그렇다면 베트남 사람들이 아침에 즐겨 먹는 음식은 무엇일까요?

북부지역

북부지역 사람들은 우리가 익히 알고 있는 쌀국수 '퍼(phở)'나 찹쌀밥에 얇게 썬 말린 고기를 섞은 '쏘이 팃(xôi thịt)'이라는 음식을 즐겨 먹습니다. 또한 적당하게 간이 된 흰죽에 가지 절임, 취두부, 유부 튀김 등이 들어간 음식도 주로 먹습니다. 시간이 바쁠 때는 베트남식 샌드위치인 '반미(bánh mì)'도 아침 대용으로 많이 먹습니다.

남부지역

남부지역 사람들도 아침에 국수를 즐겨 먹습니다. 남부지역에서는 쌀국수 '퍼(phở)'보다 '후띠에우(hủ tiếu)'라고 불리는 남부식 국수 요리를 많이 먹어요. 또한 브로큰 라이스로 알려진 '껌떰(cơm tấm)'도 아침으로 유명하죠. 껌떰은 브로큰 라이스와 돼지고기, 계란후라이, 토마토 오이 등으로 이루어져 있어요. 또한 '반바오 bánh bao'라고 부르는 베트남식 찐빵도 아침에 사랑받는 요리입니다.

껌떰

후띠에우

반바오

만능 베트남어

우울해 보이는 친구를 위로하고 싶을 때 용기를 주는 한마디

Mọi thứ sẽ ổn thôi.
모이 트 쌔 온 토이

다 잘 될 거야.

누군가를 위로하면서 용기를 줄 때 쓰는 말입니다.

mọi는 '모든' 이라는 뜻이고 thứ는 '것'
mọi thứ 는 '모든 것'이라는 뜻입니다.
thứ 대신에 'chuyện (일)'을 넣어 mọi chuyện이라고 해도 됩니다.
ổn은 '안정되다'라는 뜻이며 thôi는 '단지, 겨우'라는 뜻이지만
여기서는 말투를 부드럽게 해 주는 기능을 합니다.

힘내! 라는 말과 함께 써도 좋습니다.

"Cố lên!"
꼬 렌

힘 내!

어떤 상황에서 쓸까요?

- 베트남어가 늘지 않아 걱정하는 자신에게
- 회사 생활에 지친 동료를 위로하며
- 애인과 헤어져 슬퍼하는 친구에게

모두

Mọi thứ(chuyện) sẽ ổn thôi!

이번 여름 휴가 때 오빠는 어디에 갈 예정이에요?

Kỳ nghỉ hè này, anh định đi đâu?

토닥토닥 응원 메시지

자유여행을 하다 보면 버스나 전철을 많이 이용하게 되는데요, 그 때마다 우리나라와 다른 시스템에 멈칫할 때가 많지 않나요? 이번 과에서는 여행과 가장 밀접한 교통에 대한 내용을 배울 거예요. 이번 과를 통해 확실하게 실전 베트남어를 익혀보도록 합시다. 9과까지 학습을 끝내면 여러분은 이제 초급 레벨에 도달하게 됩니다! 그럼, 이제 힘내서 초급 굳히기 가볼까요?

01 지난 과 복습

1 다음 빈칸에 알맞은 말을 써 넣으세요.

일상생활

thức dậy	đánh răng	rửa mặt	mặc áo	nấu ăn
ăn sáng	đi làm	lái xe	đến công ty	làm việc
nghe nhạc	xem tivi	tắm rửa	tập thể dục	đi ngủ

빈도 부사

항상	보통, 자주	때때로, 가끔씩	거의 ~하지 않는다	전혀 ~하지 않는다

2 다음 문장을 베트남어로 완성하세요.

❶ 나는 항상 아침을 먹어요. ______________________

❷ 나는 때때로 운동을 합니다. ______________________

❸ 나는 항상 집에서 저녁을 먹어요. ______________________

❹ 나는 자주 독서를 합니다. ______________________

❺ 나는 좀처럼 TV를 보지 않아요. ______________________

❻ 나는 가끔씩 음악을 들어요. ______________________

단어

MP3 09-01

교통수단

xe máy	오토바이	**máy bay**	비행기
xe đạp	자전거	**tắc xi**	택시
xe buýt	버스	**xe xích lô**	시클로
xe ôm	오토바이 택시	**tàu điện ngầm**	지하철
xe ô tô / xe hơi	자동차	**tàu hỏa / xe lửa**	기차
Grab Bike	그랩 오토바이 택시	**tàu thủy / tàu thuyền**	배

'Grab'은 베트남에서 가장 보편적인 어플을 이용한 차량(오토바이) 호출 서비스입니다.

장소

sân bay	공항	**khách sạn**	호텔
trung tâm thương mại	백화점	**chợ**	시장
bãi biển	해변	**siêu thị**	마트
phố cổ	옛 거리, 전통 거리	**viện bảo tàng**	박물관
trung tâm thành phố	시내	**ga tàu hỏa / xe lửa**	기차역
nhà hàng	레스토랑	**danh lam thắng cảnh**	관광 명소

위치 전치사

위	아래	오른(쪽)	왼(쪽)	앞	뒤	옆
trên	dưới	phải	trái	trước	sau	cạnh

03 단어 연습

1 다음 그림에 맞는 교통수단을 보기에서 골라 쓰세요.

보기				
	xe ô tô	máy bay	tàu hỏa	xe buýt
	xe máy	tàu thuyền	tàu điện ngầm	xe đạp

 ______  ______  ______  ______

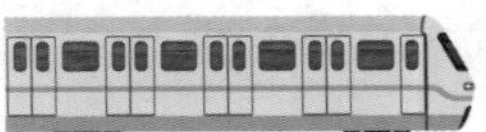 ______  ______  ______  ______

2 다음 장소를 나타내는 단어의 베트남어와 한국어를 올바르게 연결하세요.

siêu thị ●	● 마트
chợ ●	● 시내
phố cổ ●	● 옛 거리
trung tâm thành phố ●	● 시장

3 다음 그림에 맞는 위치 전치사를 쓰세요.

 ______  ______  ______  ______

문장

MP3 09-02

Tôi đi xe máy. 나는 오토바이를 탄다.

Cô ấy đi xe đạp. 그 아가씨는 자전거를 탄다.

어떤 교통수단을 이용할 때 간단하게 동사 'đi' 뒤에 교통수단을 넣어서 말해요.

A: **Bạn đi bằng gì?** 당신은 무엇으로 갑니까?

B: **Tôi đi bằng máy bay.** 나는 비행기로 갑니다.

교통수단을 이용할 때 도구, 수단, 방법 등 앞에 붙이는 전치사 'bằng'을 사용하여 말할 수도 있어요.
이때 어순은 '주어 + (이동을 나타내는) 동사 + (목적어) + bằng + 교통수단'입니다.

Tôi thường đi học bằng xe buýt. 나는 보통 버스로 학교에 간다.

bằng은 교통수단 이외에도 방법, 수단, 재료, 도구 등을 나타내는 단어 앞에 쓰이는 전치사예요.

Tôi nói bằng tiếng Việt. 나는 베트남어로 말한다. (베트남어 : 말하는 수단)

Hãy khám phá khu phố cổ nhé. 옛 거리 지역을 탐방하세요.

'hãy'는 가벼운 명령이나 청유형으로 동사 앞에 위치하며 '~하세요, ~합시다'라고 해석해요.
문장 끝에 'nhé' 혹은 'đi'를 붙여서 어감을 부드럽게 할 수 있어요.

Hãy tham khảo xem đi. 참고해 보세요.

Bạn hãy đi đến bãi biển Cửa Đại nhé. 당신은 끄어다이 해변에 가세요.

가장 간단하게 명령문을 만드는 방법은 문장 끝에 'đi'를 붙이면 됩니다.

Em ăn món này đi. (동생에게) 이 음식을 먹어.

단어

đi học 등교하다, 공부하러 가다 nói 말하다 khám phá 탐방하다, 찾아내다 khu 구역 tham khảo 참고하다 동사 + xem ~해 보다 bãi biển Cửa Đại 호이안에 위치한 끄어다이 해변

05 문장 연습

1 예를 보고 알맞은 교통수단을 넣어 문장을 만드세요.

예 A: Bạn đi làm bằng gì?
B: Tôi đi làm bằng tàu điện ngầm.

A: Bạn đến Việt Nam bằng gì?
B: ______________________

A: Bạn đến trung tâm thành phố bằng gì?
B: ______________________

A: Bạn đến viện bảo tàng bằng gì?
B: ______________________

A: Bạn đi tham quan phố cổ bằng gì?
B: ______________________

A: Bạn đến Nha Trang bằng gì?
B: ______________________

2 다음 예를 참고하여 명령문 또는 청유문을 만드세요.

예 làm thử → Hãy làm thử nhé.

❶ hỏi tôi → ______________________

❷ đọc sách → ______________________

❸ xem kịch → ______________________

단어

tham quan 관광하다 Nha Trang 냐짱(베트남 관광도시 이름) 동사 + thử ~해 보다 hỏi 물어 보다 đọc 읽다 kịch 연극

06 회화

MP3 09-03

Hà Kỳ nghỉ hè này, anh định đi đâu?

Min-su Anh định đi du lịch ở Đà Nẵng và Hội An.

Hà Ồ thế à? Anh tham quan Đà Nẵng và Hội An bằng gì?

Min-su Anh định đặt xe Grab bike ở đó.

Đi lại bằng Grab bike vừa rẻ vừa tiện.

Theo em, anh nên làm gì ở Hội An?

Hà Ở Hội An, anh hãy khám phá phố cổ nhé.

Đặc biệt, lễ hội hoa đăng Hội An đẹp lắm.

Min-su Ừ, cám ơn em đã cho biết.

하 이번 여름 휴가 기간에 오빠는 어디에 갈 예정이에요?

민수 나는 다낭과 호이안에 여행 갈 예정이야.

하 오, 그래요? 오빠는 무엇을 타고 다낭과 호이안을 관광하나요?

민수 나는 거기서 그랩바이크 잡으려고(예약하려고).

그랩바이크로 이동하는 것은 (가격이) 싸면서 편리해.

네 생각엔 내가 호이안에서 무엇을 해야 할까?

하 호이안에서 오빠는 옛 거리를 탐방하세요.

특히 호이안 화등 축제가 매우 아름다워요.

민수 응, 알려줘서 고마워.

본문을 소리 내어 5번 읽고 아래와 같이 동그라미 해주세요!

Hà

Kỳ nghỉ hè này, anh định đi đâu?
끼 응이 해 나이 아잉(안) 딩 디 더우

'định + 동사'는 '~할 예정이다'라는 뜻으로 구체적인 계획, 일정 등을 표현합니다. 미래를 나타내는 'sẽ'와 함께 'định sẽ' 형태로 사용할 수 있어요.

kỳ 기간 nghỉ hè 여름방학, 여름휴가 này 이 định 예정이다, 계획이다

Min-su

Anh định đi du lịch ở Đà Nẵng và Hội An.
아잉(안) 딩 디 주(유) 릭 어 다 낭 바 호이 안

đi du lịch 여행 가다

Hà

Ồ thế à?
오 테 아

Anh tham quan Đà Nẵng và Hội An bằng gì?
아잉(안) 탐 꾸안 다 낭 바 호이 안 방 지(이)

앞서 배운 대로 bằng은 도구, 수단, 방법, 재료 앞에 쓰이는 전치사로 '~(으)로'라고 해석합니다. 여기서는 교통수단을 물어보는 gì 앞에 사용되었어요.

thế 그렇다 à 문장 끝에 위치 의문문을 만듦

Min-su

Anh định đặt xe Grab bike ở đó.
아잉(안) 딩 닷 쌔 그랍 바이끄 어 도

Đi lại bằng Grab bike vừa rẻ vừa tiện.
디 라이 방 그랍 바이끄 브어 재(래) 브어 띠엔

'vừa A vừa B' 구문은 'A하면서 B하다'라는 뜻으로 주어가 여러가지 특징을 가지고 있거나 동시 동작 등을 할 때 사용되며 여러번 사용할 수 있어요.

Theo em, anh nên làm gì ở Hội An?
태오 앰 아잉(안) 넨 람 지(이) 어 호이 안

'nên + 동사' 형태일 때 nên은 조동사로 '~하는 것이 좋다, ~해야 한다' 영어의 should와 같은 뜻입니다.

đặt 예약하다 đi lại 이동하다, 다니다 rẻ 싸다 tiện 편하다 theo + 사람 사람에 따르면, 사람의 생각에는

Hà

Ở Hội An, anh hãy khám phá phố cổ nhé.
어 호이 안 아잉(안) 하이 캄 파 포 꼬 녜

앞서 배운 대로 'hãy ~nhé' 구문은 가벼운 명령, 청유를 나타내요.

Đặc biệt, lễ hội hoa đăng Hội An đẹp lắm.
닥 비엣 레 호이 호아 당 호이 안 뎁 람

구체적으로 설명하거나 강조하고 싶을 때 'đặc, biệt' '특히, 특별히'를 사용합니다.

khám phá 탐방하다, 찾아내다 phố 거리, 길 cổ 옛날, 옛 lễ hội 축제 hoa đăng 화등, 꽃등 lắm 매우

Min-su

Ừ, cám ơn em đã cho biết.
으 깜 언 앰 다 쪼 비엣

'cho biết'은 8과에서 배운 'cho + 사람 + 동사'에서 사람이 생략된 형태입니다.

cho biết 알려주다

문법

전치사 bằng

주어 + 동사 + 목적어 + bằng + 도구, 수단, 방법, 재료

주어는 도구, 수단, 방법, 재료로 목적어를 ~한다.

도구, 수단, 방법, 재료 등을 나타내는 명사 앞에 위치하여 전치사로 사용되면 '~으로, ~로'라고 해석해요.

Anh ấy làm bánh bằng bột mì. 그는 밀가루로 빵을 만든다.

vừa A vừa B

1. 서술어가 형용사일 때

주어 + vừa + 형용사1 + vừa + 형용사2 　형용사1 하면서 형용사2 하다.

주어는 두 가지 이상의 특성을 한번에 가지고 있어요.

Cô Linh vừa xinh đẹp vừa tốt bụng. 링씨는 예쁘면서 마음씨가 좋다.

2. 서술어가 동사일 때

주어 + vừa + 동사1 + vừa + 동사2 　동사1 하면서 동사2 하다.(동시 동작)

주어의 동시 동작을 설명해요.

Anh Minh vừa đi bộ vừa nghe nhạc. 밍 오빠는 걸으면서 음악을 들어요.

조동사 nên

주어 + nên + 동사 + 목적어 　주어는 목적어를 ~하는 것이 좋다.

'nên + 동사' 형태일 때 nên은 조동사로 '~하는 것이 좋다', '~해야 한다' 영어의 should와 같은 뜻입니다. 충고나 조언을 할 때 사용해요.

Chị nên đi bộ. 언니는 걸어가는 것이 좋아요.

충고나 조언을 하는 주체를 표현하고 싶으면 'theo + 사람'으로 만들어서 문장 제일 앞에 붙여요.

Theo em, chị nên đi bộ. 제 생각에는 언니는 걸어가는 것이 좋아요.

단어

làm bánh **빵을 만들다, 베이킹하다** bột mì **밀가루** xinh đẹp **예쁘다** tốt bụng **마음씨가 좋다** đi bộ **걷다**

09 문법 연습

1 다음 예와 같은 형태로 'vừa~vừa~' 사용하여 문장을 쓰세요.

예 Đi xe lửa / đắt (비싸다) / bất tiện (불편하다) → Đi xe lửa vừa đắt vừa bất tiện.

❶ Anh ấy / đẹp trai (잘생기다) / thông minh (똑똑하다)

→

❷ Chị ấy / khó tính (성격이 까다롭다) / nghiêm khắc (엄격하다)

→

❸ Em ấy / xem tivi (텔레비전을 보다) / ăn cơm (식사하다)

→

❹ Chú ấy / hát (노래하다) / nhảy (춤추다)

→

2 다음 빈칸에 알맞은 단어를 보기에서 골라 넣고 뜻을 쓰세요.

보기 hãy cho nên bằng

❶ Hãy ( ) tôi biết khu phố cổ ở đâu.

→

❷ Bạn ( ) tham quan Nha Trang nhé.

→

❸ Theo mình, bạn ( ) đi bằng máy bay.

→

❹ Hiện nay người ta đi lại ( ) xe ô tô nhiều.

→

단어

hiện nay 오늘날, 요즘에 người ta 사람 đi lại 이동하다, 다니다 nhiều 많다

말하기

1 다음 문장을 3번씩 발음해 보세요.

Kỳ nghỉ hè này, chúng tôi định đi Nha Trang chơi.

Ở Nha Trang có nhiều danh lam thắng cảnh.

Nha Trang vừa có phong cảnh đẹp vừa có nhiều món hải sản ngon.

2 다음 패턴으로 말해 보세요.

A: Khi đi làm, anh đi bằng gì?

B: Khi đi làm, anh đi bằng tàu điện ngầm.

❶ đi học / chị / xe đạp

❷ đi đến đảo Jeju / bà / tàu thủy

❸ đi du lịch ở châu Âu / ông / máy bay

❹ đi đến Seoul / cô / tàu hỏa

3 다음 패턴으로 말해 보세요.

A: Theo bạn, mình nên làm gì?

B: Theo mình, bạn nên tập thể dục.

❶ anh / em / học tiếng Việt

❷ em / chị / đi tham quan ở viện bảo tàng

❸ chú / cháu / đi bộ đến trường

❹ cô / em / ôn tập nhiều

단어

chơi 놀다 phong cảnh 풍경 món 음식 hải sản 해산물 châu Âu 유럽 đảo Jeju 제주도 trường 학교 ôn tập 복습

듣기

MP3 09-05

1 다음 질문을 듣고 단어를 쓰세요.

❶ ____ ❷ ____

❸ ____ ❹ ____

❺ ____

2 잘 듣고 빈칸에 알맞은 단어를 써 넣으세요.

❶ A: Kỳ nghỉ hè này, bạn định làm gì?

B: Mình định đi ____ ở Sài Gòn.

❷ A: Theo chị, em có ____ đi du học không?

B: Không ____. Em học ở trong nước cũng được.

❸ A: Mọi người ____ đến đúng giờ nhé.

B: Dạ, chúng tôi biết rồi ạ.

3 다음 질문을 듣고 알맞은 답을 고르세요.

질문 ____________________?

❶ Khi tham quan ở phố cổ, bạn nên đi bộ.

❷ Xích lô rất tiện.

❸ Khu phố cổ rất đông người

단어

du học 유학하다 trong nước 국내 cũng được 역시 가능하다, ~해도 된다 mọi người 모두 đúng giờ 정시, 맞는 시간 đông người 사람이 붐비다

12 읽기

MP3 09-06

Ở Hà Nội, giao thông rất phức tạp.

하노이에서 교통은 매우 복잡합니다.

Người ta thường đi lại bằng xe máy.

사람들은 주로 오토바이로 이동합니다.

Tôi không có xe máy nên thường đặt xe Grab để đi lại.

나는 오토바이가 없어서 주로 이동하기 위해 그랩 차를 예약합니다.

Đi xe Grab vừa thuận tiện vừa tiết kiệm được thời gian.

그랩 차로 가는 것은 편하면서 시간을 절약할 수 있습니다.

Tôi rất hài lòng với dịch vụ này.

나는 이 서비스에 매우 만족합니다.

Khi đi xa, tôi thường đi bằng máy bay hoặc tàu hỏa.

멀리 갈 때 나는 비행기 또는 기차로 갑니다.

Hiện nay, giao thông ở Việt Nam càng ngày càng phát triển.

요즘에 베트남의 교통은 나날이 발전합니다.

단어

giao thông 교통 phức tạp 복잡하다 người ta 사람들 nên 그래서 tiết kiệm 절약하다 thời gian 시간 hài lòng với ~에 만족하다 dịch vụ 서비스 càng ngày càng 나날이 phát triển 발전하다

쓰기

1 다음 문장을 따라 써 보세요.

Ở Hà Nội, giao thông rất phức tạp.

✎ ....

Người ta thường đi lại bằng xe máy.

✎ ....

Tôi không có xe máy nên thường đặt xe Grab để đi lại.

✎ ....

Đi xe Grab vừa thuận tiện vừa tiết kiệm được thời gian.

✎ ....

Tôi rất hài lòng với dịch vụ này.

✎ ....

Khi đi xa, tôi thường đi bằng máy bay hoặc tàu hỏa.

✎ ....

Hiện nay, giao thông ở Việt Nam càng ngày càng phát triển.

✎ ....

오토바이의 성지 하노이에도 드디어 전철이?

'베트남' 하면 많은 사람이 가장 먼저 떠올리는 광경이 있습니다. 예전엔 끝없는 자전거 행렬이었다면, 지금은 끝없는 오토바이 퍼레이드입니다. 오토바이는 베트남에서 가장 사랑받는 교통수단입니다. 베트남 사람들은 도어 투 도어를 선호하기 때문에 가정마다 꼭 오토바이가 있고, 학생들도 오토바이로 등하교하는 경우가 많습니다.

간혹 여행을 가셔서 길을 건너기 어려워하시는 분들이 있습니다. 대부분 거리에는 신호가 없으며, 신호가 있더라도 지켜지지 않을 때가 많아요. 그럴 때는 현지인이 길을 건널 때 따라가도 좋고, 상황이 여의치 않으면 신호를 지키되 천천히 길을 건너는 것이 중요합니다. 천천히 앞으로 나아가면, 오토바이 운전자들이 알아서 보행자를 피해 갑니다. 마치 모세의 기적처럼 오토바이 행렬이 갈라지는 모습을 보며 무사히 길을 건너실 수 있어요.

최근 베트남을 뜨겁게 달군 뉴스가 있었습니다. 바로 하노이에 전철이 개통했다는 소식인데요. 베트남에 전철이 들어 오는 일은 사실 상상하기 어려웠습니다. 베트남 사람들은 오토바이를 주로 이용하기에 도어 투 도어 운송수단에 익숙해져 있었거든요. 그래서 이러한 환경에 전철이 들어왔을 때 정말 실용적으로 쓰일 수 있을지에 대한 의문들이 끊이지 않았습니다.

하노이의 전철 구상은 9개 노선으로 그 규모가 거대하지만, 현재까지 완공되고 운행되고 있는 노선은 1호선에 12개의 역으로 약 14KM 구간에 불과합니다. 푯값은 약 8,000 동(400원)으로 시속 80Km로 하노이 시내를 달립니다. 비록 복잡한 상황 때문에 개통 시기도 많이 늦어졌고, 사람들에게 생소한 교통수단이지만, 앞으로 노선이 더 늘어나고 사람들에게 새로운 인식이 심어진다면 아직 희망은 있습니다. 베트남 정부는 지하철이 미래 베트남 교통의 45%를 책임지는 교통수단이 되기를 바라고 있습니다. 과연 베트남 전철의 운명은 어떻게 될까요?

개통된 베트남 전철의 모습

베트남 오토바이 행렬

만능 베트남어

질서 좀 지켜줘요!
언제가는 꼭 필요한 한마디.

Đừng chen vào hàng!
등 짼 바오 항

새치기하지 마세요!

붐비는 관광지에 가면 꼭 새치기를 하는 사람들이 있습니다.
한국과 베트남은 유명한 관광지가 많은 만큼 늘 사람들로 북적이는데요,
많은 사람들 속 양심을 저버린 사람은 어디든 있기 마련입니다.
이건 뻔뻔한 사람에게 만났을 때 꼭 말해야 하는 한마디에요!

그런데 간혹 말을 해도 더 화를 나게 하는 빌런을 만날 때가 있습니다.
말이 통하지 않아 화가 치솟을 땐 이렇게 말할 수 있어요.

"Thật trơ trẽn!"
텃 쩌 짼

진짜 뻔뻔하다!

가끔 답답하거나 남몰래 속풀이라도 하고 싶을 때에도
말할 수 있지만 지나친 사용은 금물!

모두 즐거운 베트남 여행 되길 바랍니다.

10

만약 기회가 있으면 우리 같이 후에로 여행 가자.

Nếu có dịp thì chúng mình cùng đi du lịch Huế nhé.

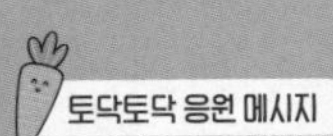

여러분, '아는 만큼 보인다'라는 말에 공감하시나요? 베트남엔 정말로 맛있는 음식이 많은데, 사실 쌀국수라는 강렬한 대표 음식에 가려져 여러분들이 다른 베트남 음식들을 많이 즐기시지 못 할까 봐 전 늘 조바심이 나 있었답니다.^^ 이번 과를 통해서 여러분을 새로운 베트남 음식의 세계로 초대할 겁니다. 그럼 맛있는 베트남어 공부 오늘도 시작해 볼까요?

01 지난 과 복습

1 다음 빈칸에 알맞은 말을 써 넣으세요.

교통수단

xe ô tô	xe hơi	máy bay	xe máy	xe đạp
tàu hỏa	xe lửa	xe buýt	tàu thủy	tàu thuyền
xe ôm	tắc xi	xe xích lô		

위치전치사

위	아래	오른(쪽)	왼(쪽)	앞	뒤	옆

2 다음 문장을 베트남어로 완성하세요.

❶ 나는 오토바이를 타요. ________________

❷ 나는 자전거를 타요. ________________

❸ 당신은 무엇을 타고 갑니까? ________________

❹ 나는 비행기로 갑니다. ________________

❺ 호이안을 탐방하세요. ________________

❻ 이번 여름 휴가 기간에 오빠는 무엇을 할 예정인가요?

____

단어

MP3 10-01

카페 메뉴

cà phê nóng 핫 커피
cà phê đá 아이스 커피
cà phê đen 아메리카노
cà phê sữa 카페라떼
cà phê cốt dừa 코코넛 커피
cà phê trứng 계란 커피
trà sữa trân châu 버블 밀크티
trà đá 아이스티
trà xanh 녹차
chè 째(베트남식 디저트), 차
nước cam 오렌지 주스
sinh tố 생과일 스무디

베트남 식당 메뉴

phở bò 소고기 쌀국수
phở gà 닭고기 쌀국수
phở hải sản 해산물 쌀국수
bún bò Huế 분보후에(후에식 국수)
bún chả 분짜
bún riêu 분지에우(게살, 토마토 등을 넣은 쌀국수)
bánh xèo 반쎄오(베트남식 부침개)
bánh mì 반미(베트남식 바게뜨 샌드위치)
cơm sườn 숯불 돼지고기 덮밥
cơm rang / chiên 볶음밥
lẩu hải sản 해산물 전골
lẩu dê 염소탕

주문할 때 쓰이는 단위성 명사

그릇	(몇)인분	접시	~개	잔, 컵	캔
bát / tô	suất	đĩa	cái	cốc / ly	lon

03 단어 연습

1 어떤 메뉴가 있나요? 한글 메뉴에 동그라미 하세요.

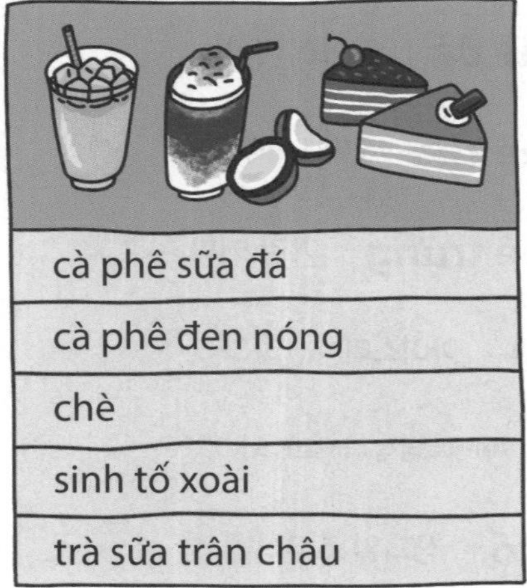

핫 아메리카노	망고 생과일주스
아이스 카페라떼	딸기 생과일주스
째	아이스티
계란 커피	녹차
코코넛 커피	오렌지 주스
버블 밀크티	수박 주스

2 다음 그림을 보고 음식 이름을 쓰세요.

반미

예 bánh mì

소고기 쌀국수

분짜

반쎄오

볶음밥

염소탕

숯불 돼지고기 덮밥

분보후에

해산물 전골

닭고기 쌀국수

분지에우

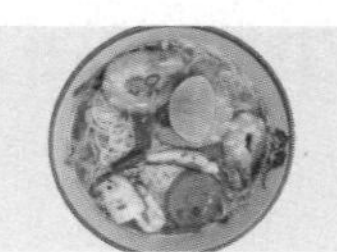
해산물 쌀국수

문장1

MP3 10-02

A : Anh dùng gì ạ? 무엇을 드시겠습니까?

B : Cho tôi một đĩa cơm sườn. 숯불 돼지고기 덮밥 한 접시 주세요.

'dùng'은 '드시다, 사용하다'라는 뜻입니다.
음식을 주문할 때는 'cho + 사람 + 수량 + 단위 + 음식' 등의 순서로 말합니다.

A : Chị muốn uống gì ạ? 무엇을 마실 것입니까?

B1 : Cho tôi một cốc cà phê sữa đá. 아이스 카페라떼 한 잔 주세요.

B2 : Tôi muốn uống hai ly trà sữa. 나는 밀크티 두 잔을 마시고 싶어요.

'cốc = ly'로 'cốc'은 북부, 'ly'는 남부에서 주로 사용합니다.
주문할 때 '주어 + muốn + ăn / uống + 수량 + 단위 + 음식'으로 말해도 됩니다.

Quý khách ăn/uống ở đây hay mang về?

고객님 여기서 드시/마시나요? 아니면 테이크 아웃하시나요?

'hay'는 '또한, 혹은'이라는 뜻의 접속사로 의문사 없이 선택하는 질문을 만들 수 있어요.
접속사 hay는 또한 평서문에서도 사용할 수 있습니다.

Bạn muốn xem phim hay xem kịch?
너는 영화 보고 싶니? 아니면 연극 보고 싶니?

Cuối tuần tôi thường ở nhà hay đi mua sắm.
주말에 나는 주로 집에 있거나 쇼핑하러 간다.

단어

dùng 드시다, 사용하다 cơm 밥 sườn 갈비 uống 마시다 sữa 우유 đá 얼음 quý khách 손님, 고객님 mang 챙기다, 가져가다 về 돌아가다 kịch 연극 cuối tuần 주말

05 문장2

MP3 10-03

A : Em đã ăn bún bò Huế lần nào/bao giờ chưa?
너는 분보후에를 먹어 본 적이 있니?

B1 : Rồi, em đã ăn bún bò Huế một lần rồi.
네, 저는 한 번 분보후에를 먹어 봤어요.

B2 : Chưa, em chưa ăn bún bò Huế lần nào/bao giờ.
아니요, 저는 한 번도 분보후에를 먹어 보지 않았어요.

'주어 + đã ~ lần nào / bao giờ chưa?'는 주어의 경험을 묻는 표현으로 '주어는 ~해본 적이 있습니까?'라고 해석합니다. 경험도 과거 및 완료에 포함되므로 'đã ~ chưa' 의문문의 확장 형태이며 YES 대답은 간단히 rồi, NO 대답은 chưa로 합니다.

lần nào 대신 사용할 수 있는 'bao giờ'는 '언제'라는 뜻의 의문사이지만 'đã ~ bao giờ chưa?'에서는 경험을 만드는 표현이 됩니다.

Hôm nay có món gì đặc biệt không?
오늘 무슨 특별한 요리가 있나요?

Quý khách có thêm gì nữa không ạ?
고객님은 더 무엇을 추가하십니까?

Anh ơi / Chị ơi, tính tiền cho tôi nhé.
저기요(웨이터에게), 계산해 주세요.

'thêm ~ nữa' 는 '더 ~을/를 추가하다'라고 해석해요.
'thêm'은 동사로 쓰이거나 동사 뒤에 위치하고 'nữa'는 명사 뒤 또는 문장 끝에 위치해요.

단어

lần 번, 횟수 bao giờ 언제 món 음식 đặc biệt 특별하다 thêm 추가하다 nữa 도, 더 tính tiền 계산하다 동사+cho ~해 주다

06 회화

MP3 10-04

Minh Bạn Yu-na ơi, bạn đã đến Huế bao giờ chưa?

Yu-na Mình chưa đến Huế bao giờ. Còn bạn?

Minh Tiếc quá, Huế không chỉ có nhiều nơi đáng đi mà còn có những món truyền thống rất ngon. Mình thì đã đến Huế nhiều lần rồi.

Yu-na Thế, bạn đã đến Huế để làm gì?

Minh Để tìm hiểu về văn hoá và lịch sử của cố đô Huế. Nếu có dịp thì chúng mình cùng đi du lịch Huế nhé.

Yu-na Tốt quá, mình nghe nói là Huế rất đẹp.

밍 유나야, 너는 '후에'에 가본 적 있어?

유나 나는 후에에 한 번도 가본 적 없어. 너는?

밍 너무 아쉽다. 후에는 가볼 곳이 많을 뿐만 아니라 매우 맛있는 전통 음식들이 있어. 나는 후에에 여러 번 가 봤어.

유나 그러면 너는 후에에 무엇을 하러 갔었어?

밍 고도 후에의 문화 및 역사에 대해서 알아보려고. 만약 기회가 있으면 우리 같이 후에 여행 가자.

유나 너무 좋아. 들어 보니 후에는 매우 아름답다고 해.

회화 연습

본문을 소리 내어 5번 읽고 아래와 같이 동그라미 해주세요!

Minh Bạn Yu-na ơi, bạn đã đến Huế bao giờ chưa?
반 유나 어이 반 다 덴 후에 바오 져(여) 쯔어

'đã ~ bao giờ chưa?'는 경험을 묻는 구문으로 '(언제) ~ 해본 적 있나요?'라는 뜻입니다.

bao giờ 언제

Yu-na Mình chưa đến Huế bao giờ. Còn bạn?
밍 쯔어 덴 후에 바오 져(여) 꼰 반

'chưa ~ bao giờ'는 경험이 없을 때 사용하며 '한 번도 ~한 적이 없다'라고 해석해요.

Minh Tiếc quá, Huế không chỉ có nhiều nơi đáng đi mà còn có những món truyền thống rất ngon.
띠엑 꾸아 후에 콩 찌 꼬 니에우 너이 당 디 마 꼰 꼬 늉 몬 쭈이엔 통 젓(럿) 응온

'không chỉ A mà còn B'는 영어의 not only A but also B와 비슷한 뜻으로 'A할 뿐만 아니라 B하기 까지 하다'라는 뜻입니다.

Mình thì đã đến Huế nhiều lần rồi.
밍 티 다 덴 후에 니에우 런 조이(로이)

주어 뒤에 thì 주어는 강조 용법으로 '(주어)은/는'으로 해석해요.

tiếc 안타깝다, 애석하다 nơi 장소 đáng đi 가볼 만 하다 những ~들(복수형) truyền thống 전통 nhiều lần 여러 번

Yu-na Thế, bạn đã đến Huế để làm gì?
테 반 다 덴 후에 데 람 지(이)

'để + 동사'는 목적을 나타내며 '~하기 위해서'라고 해석해요.

Minh Để tìm hiểu về văn hoá và lịch sử của cố đô Huế. Nếu có dịp thì chúng mình cùng đi du lịch Huế nhé.
데 띰 히에우 베 반 호아 바 릭 쓰 꾸어 꼬 도 후에 네우 꼬 집(입) 티 쭝 밍 꿍 디 주(유) 릭 후에 녜

'nếu A thì B'는 '만약 A하면 B하다'라는 뜻으로 조건 또는 가정을 나타내는 구문입니다.

1인칭 복수형(chúng ta, chúng mình등) ~ nhé/đi 형태로 가벼운 청유형을 만들어요. 앞서 배운 hãy ~ nhé/đi 보다 구어체에서 많이 사용되요.

tìm hiểu 알아보다, 탐구하다 văn hoá 문화 lịch sử 역사 cố đô 고도, 옛 수도 dịp 기회 chúng mình (친구사이에서) 우리

Yu-na Tốt quá, mình nghe nói là Huế rất đẹp.
똣 꾸아 밍 응애 노이 라 후에 젓(럿) 댑

'주어 + nghe nói + là/rằng + 절'은 주어가 들은 사실을 표현할 때 사용해요.

nghe nói 듣자하니

문법

không chỉ A mà (còn) B (nữa)

1. 서술어가 형용사일 때

주어 + không chỉ + 형용사1 + mà còn + 형용사2 + nữa

형용사1 할 뿐만 아니라 형용사2 하기까지 하다.

주어는 두가지 특성을 한번에 가지고 있는 것을 강조해요.

Món Việt Nam không chỉ ngon mà còn tốt cho sức khỏe nữa.
베트남 음식은 맛있을 뿐만 아니라 건강에 좋기까지 해요.

2. 서술어가 동사일 때

주어 + không chỉ + 동사1 + mà còn + 동사2

동사1 할 뿐만 아니라 동사2 하기까지 하다.

주어의 두 가지 행동이나 활동을 강조해요.

Anh ấy không chỉ hát hay mà nhảy giỏi. 그는 노래를 잘할 뿐만 아니라 춤도 잘 춘다.

nếu A thì B

nếu + 주어1 + 서술어1 + thì + 주어2 + 서술어2

만약에 A하면 B한다.

만약에 'A하면 B한다'로 가정 또는 조건을 나타내요.

Nếu anh ấy không đi thì tôi cũng không đi. 만약 그가 가지 않으면 나도 가지 않는다.

주어가 동일한 경우는 하나를 생략하는데 문어체에서는 앞의 주어를 생략해요.

Nếu có thắc mắc gì thì em cứ hỏi cô nhé. 만약 무슨 어려운 점이 있으면 주저말고 선생님께 물어보렴.

단어

tốt 좋다 sức khỏe 건강 hát 노래하다 hay 잘하다 nhảy 춤추다 giỏi 잘하다, 뛰어나다 thắc mắc 어려운 점, 이해안되는 것 cứ 계속, 주저말고 hỏi 묻다, 물어보다

09 문법 연습

1 다음 예와 같은 형태로 'không chỉ ~ mà còn~ nữa' 사용하여 문장을 쓰세요.

예 Món Hàn Quốc / ngon / đủ dinh dưỡng

→ Món Hàn Quốc không chỉ ngon mà còn đầy đủ dinh dưỡng nữa.

❶ Hà Nội / có phong cảnh đẹp / có nhiều di tích lịch sử

→ ______________________________

❷ người Việt Nam / thông minh / khéo tay

→ ______________________________

❸ tôi / quan tâm đến lịch sử / quan tâm đến văn hoá của Việt Nam

→ ______________________________

2 다음 빈칸에 알맞은 단어를 보기에서 골라 넣고 뜻을 쓰세요.

보기	để	nếu	bao giờ	hay

❶ Bạn học tiếng Việt (　　　　　) làm gì?

→ ______________________________

❷ Anh đã uống trà đá (　　　　　) chưa?

→ ______________________________

❸ Quý khách sẽ uống ở đây (　　　　　) mang đi ạ?

→ ______________________________

❹ (　　　　　) rảnh thì mình sẽ tìm hiểu về nơi đó.

→ ______________________________

단어

đầy đủ 충분하다 dinh dưỡng 영양 di tích 유적 thông minh 똑똑하다, 총명하다 khéo tay 손재주가 좋다 quan tâm đến ~에 관심이 있다 nơi đó 그곳

말하기

MP3 10-05

1 다음 문장을 3번씩 발음해 보세요.

Các anh chị dùng gì ạ?

Cho tôi một đĩa cơm rang hải sản và một cái lẩu dê.

Tôi muốn uống một cốc cà phê sữa đá và một cốc sinh tố xoài.

2 다음 패턴으로 말해 보세요.

A: Anh dùng gì ạ?

B: Cho tôi một đĩa tôm nướng.

❶ hai suất bún chả
❷ một bát phở bò
❸ một cái bánh mì
❹ một ly trà sữa trân châu

3 다음 패턴으로 말해 보세요.

A: Bạn đã đến Hà Nội lần nào chưa?

B: Rồi, tôi đã đến Hà Nội một lần rồi.

Chưa, tôi chưa đến Hà Nội lần nào.

❶ tham quan phố cổ Hội An
❷ ăn món Huế
❸ gặp người Việt Nam
❹ khám phá các quán cà phê ở Hà Nội

단어

tôm nướng 새우 구이 lần 번, 횟수 tham quan 관광하다 phố cổ 옛 거리 món= món ăn 음식 khám phá 탐방하다, 발견하다 quán cà phê 카페

듣기

MP3 10-06

1 다음 질문을 듣고 단어를 쓰세요.

❶ ______ ❷ ______

❸ ______ ❹ ______

❺ ______

2 잘 듣고 빈칸에 알맞은 단어를 써 넣으세요.

❶ A: Chị đã xem phim Việt Nam ______ chưa?

B: Chị chưa ______ xem phim Việt Nam.

❷ A: Bạn đến Việt Nam ______ làm gì?

B: Tôi đến Việt Nam ______ tìm hiểu về văn hoá Việt Nam.

❸ A: Nếu thích món Huế thì ______ đi ăn ở nhà hàng "món Huế" nhé.

B: Ừ, tốt quá.

3 다음 질문을 듣고 알맞은 답을 고르세요.

질문 ______?

❶ Không, tôi không muốn tính tiền bây giờ.

❷ Không, tôi không thích món Huế.

❸ À, cho tôi một bát phở bò nữa.

단어

tính tiền 계산하다 bây giờ 지금 bát 그릇 nữa 도, 더 gọi 주문하다, 시키다

읽기

MP3 10-07

Hôm nay tôi đã ăn món Việt Nam ở một nhà hàng rất nổi tiếng.

오늘 나는 매우 유명한 한 레스토랑에서 베트남 음식을 먹었다.

Tôi đã gọi một cái bánh xèo, một suất bún chả và một tô bún riêu.

나는 반쎄오 한 개, 분짜 1인분 그리고 분지에우 한 그릇을 주문했다.

Món nào cũng ngon và hợp khẩu vị của tôi.

어떤 음식이든 역시 맛있고 내 입맛에 맞았다.

Tôi cũng gọi một cốc cà phê cốt dừa và một cốc kem xoài.

나는 또한 코코넛 커피 한 잔과 망고 아이스크림 한 컵을 시켰다.

Cà phê cốt dừa rất thơm ngon.

코코넛 커피는 매우 향긋하고 맛있다.

Bạn tôi đã nói là món Huế rất độc đáo và tinh tế.

내 친구가 말하길 후에 음식이 매우 독창적이고 정성스럽다고 한다.

Nếu có dịp thì chúng tôi sẽ đi du lịch ở Huế để tìm hiểu về lịch sử và văn hoá ở đó.

만약 기회가 있다면 우리는 그 곳(후에)의 역사 및 문화에 대해 알아보기 위해 후에로 여행을 갈 것이다.

단어

nổi tiếng 유명하다 gọi 주문하다, 시키다 hợp 맞다 khẩu vị 입맛 xoài 망고 độc đáo 독특하다, 독창적이다 tinh tế 정성스럽다 dịp 기회

쓰기

1 다음 문장을 따라 써 보세요.

Hôm nay tôi đã ăn món Việt Nam ở một nhà hàng rất nổi tiếng.

Tôi đã gọi một cái bánh xèo, một suất bún chả và một tô bún riêu.

Món nào cũng ngon và hợp khẩu vị của tôi.

Tôi cũng gọi một cốc cà phê cốt dừa và một cốc kem xoài.

Cà phê cốt dừa rất thơm ngon.

Bạn tôi đã nói là món Huế rất độc đáo và tinh tế.

Nếu có dịp thì chúng tôi sẽ đi du lịch ở Huế để tìm hiểu về lịch sử và văn hoá ở đó.

문화

베트남의 천년의 고도 후에(Huế)

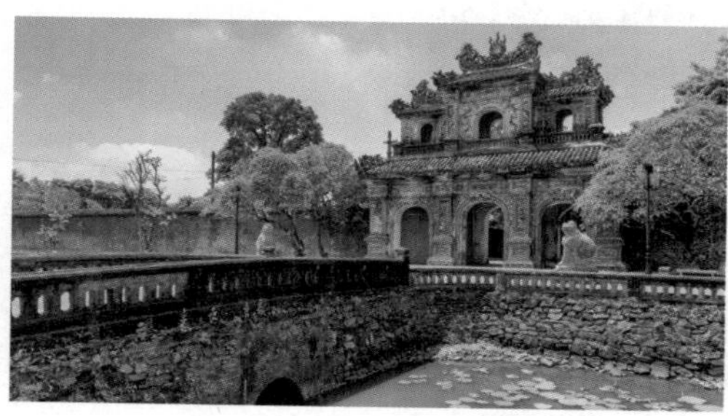

우리나라에 '경주'라는 천년의 고도가 있다면, 베트남에는 '후에'라는 유서 깊은 도시가 있습니다. 후에는 베트남 중부에 있는 도시로 천 년간 베트남의 수도였습니다. 후에는 다양한 기후들이 섞여 있는데, 우기가 5 ~11월까지로 4월이 가장 여행하기 좋으며, 2년마다 도시 문화유산을 홍보하는 축제가 4월 말에 있으니 이 시기를 놓치지 마세요!

베트남 마지막 왕조 응우옌 왕조의 역사탐방 관광코스

후에 왕궁

베트남 중부 도시 후에에 있는 궁전으로, 1802년부터 1945년에 이르기까지 약 150여 년간 응우옌 왕조의 왕궁이었습니다. 1993년에는 유네스코 세계문화유산으로 지정되었습니다.

민망황릉

응우옌 왕조의 황금기를 이끈 2번째 황제 민망황제릉으로 유네스코 세계문화유산에 등재되어 있습니다.

뜨득황릉

응우옌 왕조의 황릉 중에서 가장 규모가 크고 아름다우며 뜨득황제 때 완성되어 개인 별장으로도 이용되었던 곳입니다.

카이딘황릉

응우옌 왕조 제12대 황제 카이딘 황제릉으로 유럽의 바로크 양식, 중국 전통 양식, 베트남 전통 양식이 혼재된 독특한 콘크리트 건축물입니다. 20세기 초 베트남의 건축 예술을 대표하는 곳으로 알려져 있습니다.

티엔무사

하늘에서 내려온 여인에게 '지배자가 나타나 불교식 탑을 쌓아 나라를 구할 것'이라는 예언을 들은 응우옌 왕조 시조의 조상이 세운 사원입니다. 1601년에 세워졌고 불교식 7층 석탑으로 유명해요.

만능 베트남어

이제 슬슬 대화를 마무리하고 싶을 때 눈치보지 말고 말해요!

Thôi.
토이

됐어요.(그럼 이만.)

한참 수다를 떨다가 슬슬 물러나고 싶을 때
어색하지 않게 대화를 종료하는 방법입니다.
주로 '이제 가 볼게요', '이제 자러 갈게요' 말과
함께 나와 대화를 마치는 끝인사를 할 수 있게 해 줍니다.
'됐어요'라는 해석이 어색한 상황이면 '그럼 이만' 정도로 해석해 주면 됩니다.

"Thôi, tôi về đây!"
토이 또이 베 더이

그럼 이만, 저 갈게요!

어떤 상황에서 쓸까요?

- 한참 카톡으로 떠들다가 시간이 늦어서 씻으러 간다고 할 때
- 물건을 살 때 계속 흥정하는데 결론이 안 나서 그냥 안 산다고 하고 싶을 때
- 물건 살 때 대략 원하는 가격에 협의가 되서 그 가격에 구입할 때

모두

Thôi.

나는 완전 그녀에게 빠졌어.

Tôi hoàn toàn say mê với cô ấy rồi.

토닥토닥 응원 메시지

두근두근...! 이번 과는 정말 특별한 내용으로 준비했습니다. 이제까지 어떤 초급 책도 이렇게 핑크빛 주제를 다룬 적이 없었지요! 사랑은 인생을 살아가면서 빼놓을 수 없는 존재입니다. 불시에 찾아오는 만큼 연애와 관련된 베트남어 표현도 꼭 알아놓아야겠죠?

'사랑해'는 베트남어로 'Anh yêu em' 또는 'Em yêu anh' 입니다. 베트남어는 말할 때 주어와 목적어를 정말 중요하게 생각하는데, 이번 과에서 더 자세히 알아봅시다!

01 지난 과 복습

1 다음 빈칸에 알맞은 말을 써 넣으세요.

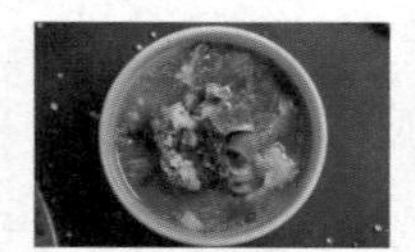

2 다음 문장을 베트남어로 완성하세요.

❶ 무엇을 드시겠습니까? (남성에게) ______

❷ 무엇을 마실 것입니까? (여성에게) ______

❸ 소고기 쌀국수 한 그릇 주세요. ______

❹ 아이스 카페라떼 한 잔 주세요. ______

❺ 저는 테이크 아웃합니다. ______

❻ 너는 분보후에를 먹어본 적이 있니? ______

단어

MP3 11-01

연애 관련

tình yêu 사랑

yêu đương 연애

thích 좋아하다

yêu quý 사랑하다(부모 자식 간, 형제자매 간, 친구들 간)

yêu 사랑하다(주로 남녀 간)

thương 깊이 사랑하다(yêu보다 깊은 사랑)

người yêu 애인

bạn trai/gái 남자/여자 친구

mối tình đầu 첫사랑

tình yêu sét đánh 첫눈에 반한 사랑

thổ lộ 고백하다

tình yêu đơn phương 짝사랑

hẹn hò 사귀다, 데이트하다

làm người yêu 애인하다, 내꺼하다

thất tình 실연하다

chia tay 깨지다, 헤어지다

kết hôn 결혼하다

ly hôn 이혼하다

tán tỉnh 구애하다

chung thủy 일편단심이다

단어 연습

1 아래 단어를 그림에서 찾아 동그라미 하세요.

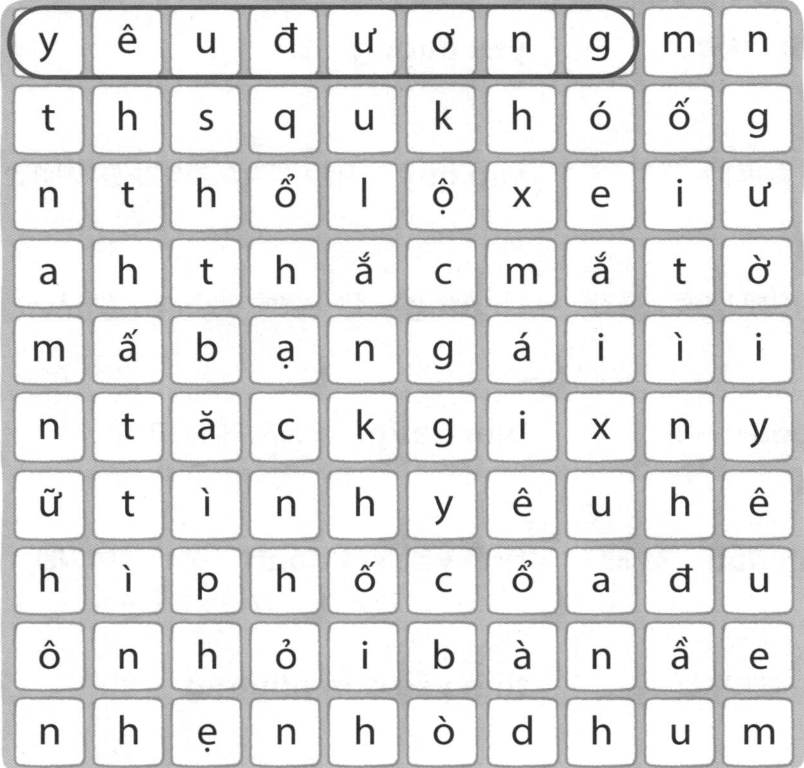

thất tình　　người yêu　　thổ lộ

yêu đương　　mối tình đầu

hẹn hò　　bạn gái　　tình yêu

04 문장1

MP3 11-02

Anh thích em. (남자가 여자에게) 좋아해.

Anh yêu em. (남자가 여자에게) 사랑해.

연인, 부부 관계에서 일반적으로 남성은 'anh', 여성은 'em'의 호칭을 사용합니다. 베트남어는 반드시 주어와 목적어가 필요해요. 여성이 반대로 남성에게 말할 때는 anh과 em의 위치를 바꾸면 됩니다.

Anh hẹn hò với em nhé. (여자가 남자에게) 저랑 사귀어요.

Em nhớ anh. (여자가 남자에게) 보고 싶어요.

남성이 반대로 여성에게 말할 때는 anh과 em의 위치를 바꾸면 됩니다.

Tôi hoàn toàn say mê với cô ấy rồi.
나는 완전 그녀에게 빠졌어.

Anh ấy là mẫu người lý tưởng của tôi.
그는 나의 이상형이야.

'say mê'는 '심취하다, 빠지다'라는 뜻이에요. 사람 이외에 취미 등에도 사용할 수 있어요.

Em ấy say mê vẽ tranh, cả ngày chỉ vẽ tranh thôi.

그 애는 그림 그리기에 빠져서 하루종일 그림만 그린다.

단어

hoàn toàn 완전히 mẫu người lý tưởng 이상형

05 문장2

MP3 11-03

Mình đến với nhau đi. 우리 함께하자.

Anh hứa là anh sẽ yêu em mãi mãi.
영원히 널 사랑할 것이라고 약속해. (남성이 여성에게)

연인 관계에서 '우리'를 'mình'이라고 하기도 합니다. 'hứa'는 '내뱉은 말을 지키다, 약속하다'라는 뜻으로 만날 약속, 일정 약속을 하는 'hẹn'과는 구별해야 해요.

Mình chia tay đi. 헤어지자.

Quên em đi. (여성이 남성에게) 저를 잊어요.

Đừng nói dối nhé. 거짓말 하지마요.

Đừng bắt cá hai tay! 양다리 걸치지 마세요!

'đừng + 동사'는 금지의 표현으로 '~하지 마세요'라고 해석합니다. 문장 끝에 'đi, nhé, nữa'를 넣을 수 있어요. 정중하게 말할 때는 앞에 xin을 붙입니다.

Anh đừng lăng nhăng nữa. (여성이 남성에게) 더는 바람피우지 말아요.

Xin đừng chụp ảnh nhé ở phòng trưng bày. 전시실에서 사진 찍지 마십시오.

Sao em lìa xa anh? (남성이 여성에게) 왜 너는 나를 멀리 떠난거니?

Một lần nào cho em gặp lại anh.
(여성이 남성에게) 한번 저를 다시 만나 주세요.

단어

hứa 약속하다 mãi mãi 영원히 bắt cá 물고기를 잡다 hai tay 양손 nói dối 거짓말 하다 quên 잊다 lìa 떠나다, 헤어지다 lần 번, 횟수

06 회화

MP3 11-04

Nam Si-a, anh có người yêu rồi!

Em ơi Ôi! Cuối cùng cô ấy đã đồng ý anh rồi nhỉ.

Thế, hai người hẹn hò được bao lâu rồi?

Nam Chỉ hai tuần thôi. Dạo này, anh hạnh phúc lắm.

Si-a Chúc mừng anh!

Thế bao giờ anh định giới thiệu bạn gái anh cho em?

Chúng ta có thể đi uống cà phê cùng nhau không?

Nam Để anh hỏi cô ấy đã.

Chắc cô ấy cũng thích em thôi.

Anh luôn coi em như em gái anh mà.

남 시아야, 오빠 애인 생겼다.

시아 오! 마침내 그녀가 오빠에게 동의했군요.

그러면 두 분 사귄 지 얼마나 되었나요?

남 겨우 2주야. 요즘 나는 너무 행복해.

시아 축하해요!

그러면 언제 오빠는 저에게 오빠 여자친구를 소개할 예정인가요?

우리 함께 커피 마시러 갈 수 있을까요?

남 일단 그녀에게 물어볼게.

아마 그녀도 너를 좋아할 거야.

나는 항상 너는 오빠의 여동생처럼 여기고 있으니까.

07 회화 연습

본문을 소리 내어 5번 읽고 아래와 같이 동그라미 해주세요!

Nam Em ơi, anh có người yêu rồi!
앰 어이 아잉(안) 꼬 응으어이 이에우 조이(로이)

người yêu 애인, 연인

Si-a Ôi! Cuối cùng cô ấy đã đồng ý anh rồi nhỉ.
오이 꾸오이 꿍 꼬 어이 다 동 이 아잉(안) 조이(로이) 니

Thế, hai người hẹn hò được bao lâu rồi?
테 하이 응으어이 핸 호 드억 바오 러우 조이(로이)

'được + 기간'은 '기간이 되다'라는 뜻입니다. 'bao lâu'는 '얼마나 오래'라는 뜻으로 기간을 묻는 의문사예요.

cuối cùng 마지막 đồng ý 동의하다 hai 숫자 2

Nam Chỉ hai tuần thôi.
찌 하이 뚜언 토이

Dạo này, anh hạnh phúc lắm.
자오(야오) 나이 아잉(안) 하잉(한) 푹 람

'chỉ ~ thôi'는 '단지, 겨우 ~일 뿐이다'라는 뜻입니다.

tuần 주 hạnh phúc 행복하다

Si-a Chúc mừng anh!
쭉 뭉 아잉(안)

Thế bao giờ anh định giới thiệu bạn gái anh cho em?
테 바오 져(여) 아잉(안) 딩 져이(여이) 티에우 반 가이 아잉(안) 쪼 앰

'bao giờ'는 '언제'라는 뜻의 시간, 때를 묻는 의문사로 문두에 오면 미래 시제를, 문미에 오면 과거 시제를 나타내는 기능도 있어요. 어순에 주의하세요.

Chúng ta có thể đi uống cà phê cùng nhau không?
쭝 따 꼬 테 디 우옹 까 페 꿍 냐우 콩

'có thể + 동사'는 '~할 수 있다'라는 뜻입니다. 문법코너에서 자세히 다룰게요.

chúc mừng 축하하다, 축하해요 giới thiệu 소개하다 chúng ta 우리 cùng nhau 서로 함께

Nam Để anh hỏi cô ấy đã.
데 아잉(안) 호이 꼬 어이 다

'để'가 문장 앞에 오면 '~하게 하다'라는 뜻입니다. 또한 đã가 문장 끝에 오면 '일단 ~하고'라는 뜻의 부사가 됩니다.

Chắc cô ấy cũng thích em thôi.
짝 꼬 어이 꿍 틱 앰 토이

Anh luôn coi em như em gái anh mà.
아잉(안) 루온 꼬이 앰 뉴 앰 가이 아잉(안) 마

'coi A như B'는 'A를 B처럼 여기다'라는 뜻입니다.

hỏi 물어보다 chắc 아마 ~할 것이다(추측) thôi 단지 ~일 뿐이다 luôn 항상 em gái 여동생

문법1

가능 구문

1. có thể 가능 구문

주어 + có thể + 동사 + 목적어 　주어는 목적어를 ~할 수 있다.

Tôi có thể đến gặp bạn tôi. 　나는 내 친구를 만나러 갈 수 있다.

주어 + không thể + 동사 + 목적어 　주어는 목적어를 ~할 수 없다.

Tôi không thể đến gặp bạn tôi. 　나는 내 친구를 만나러 갈 수 없다.

주어 + có thể + 동사 + 목적어 + không?

주어는 목적어를 ~할 수 있습니까?

Chị có thể đến gặp bạn không? 　언니는 친구를 만나러 갈 수 있나요?

2. được 구문

주어 + 동사 + 목적어 + được / được + 목적어 　주어는 목적어를 ~할 수 있다.

Tôi nói tiếng Việt được.=Tôi nói được tiếng Việt. 　나는 베트남어를 말할 수 있다.

주어 + không + 동사 + 목적어 + được / được + 목적어

주어는 목적어를 ~할 수 없다.

Tôi không nói tiếng Việt được.=Tôi không nói được tiếng Việt.
나는 베트남어를 말할 수 없다.

단어

về 돌아가다 　nhà 집 　học 공부하다 　tiếng Việt 베트남어 　chăm chỉ 열심히

09 문법2

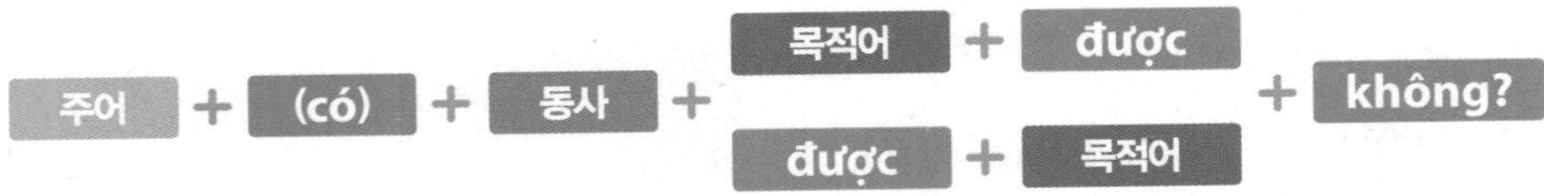

주어는 목적어를 ~할 수 있습니까?

Bạn có nói tiếng Việt được không? = Bạn có nói được tiếng Việt không?
당신은 베트남어를 말할 수 있나요?
'có ~ được không' 의문문의 YES 대답은 'được', NO 대답은 'không được'입니다. (có, không도 가능)

1번의 có thể 형태와 2번의 được 형태를 결합할 수 있습니다.

A: Bạn có thể nói tiếng Việt được không? = Bạn có thể nói được tiếng Việt không?
당신은 베트남어를 할 줄 아나요?

B1: Có, tôi có thể nói tiếng Việt được. = Có, tôi có thể nói được tiếng Việt.
네, 베트남어를 할 수 있습니다.

B2: Không, tôi không thể nói tiếng Việt được.
= Không, tôi không thể nói được tiếng Việt.
아니요, 나는 베트남어를 하지 못합니다.

'동사 + được'과 'được +기간'의 được은 다른 뜻으로 'được + 기간'은 '기간이 되다'라고 해석해요.
ex) được 2 năm. 2년이 되다.

để + 주어 + 서술어

Để + **주어** + **서술어** 주어가 서술어를 하게 해둬.

사역 구문으로 '주어가 서술어를 하게 해둬.'라고 해석하며 주어 자리에 1인칭이 올 때 영어의 'Let me~', '내가~할게.' 뜻과 비슷해요.

Để tôi hỏi nhé. 내가 물어볼게.

문장 끝에 đã / trước과 자주 함께 쓰여 '일단 ~할게요'라고 해석합니다.

A: Cuối tuần bạn đến nhà mình chơi nhé. 주말에 너는 우리 집에 놀러 와.

B: Để mình nghĩ đã. 일단 생각해 볼게.

단어

đến nhà + 사람 + chơi 그(사람) 집에 놀러 가다(오다) nghĩ 생각하다

말하기

1 다음 문장을 3번씩 발음해 보세요.

Chúng ta cùng đi xem phim được không?

Anh có thể đến đón em không?

Để anh kiểm tra lại lịch trình đã.

2 다음 패턴으로 말해 보세요.

A: Em có thể đi học sớm không?

B: Có, em có thể đi học sớm. Không, em không thể đi học sớm.

❶ anh / tự nấu ăn cho mình ❷ chị / lái xe ô tô

❸ bạn(mình) / chơi đàn piano ❹ cháu / đi đến buổi họp mặt

3 다음 패턴으로 말해 보세요.

A: Chị làm kimchi được không?

B: Được, chị làm kimchi được. Không được, chị không làm kimchi được.

❶ anh / bơi qua sông Hàn

❷ em / nói chuyện với người Việt Nam

❸ bạn(mình) / hát bài hát Việt Nam

❹ cháu / đến thăm ông bà vào cuối tuần này

단어

cùng 함께 đón 마중하다, 데리러 나오다 kiểm tra 체크하다, 검사하다 lịch trình 스케줄, 일정 sớm 일찍 tự + 동사 스스로 ~하다 lái xe 운전하다 chơi 연주하다 đàn + 악기 악기 앞 종별사 buổi họp mặt 회의, 미팅 bơi qua 수영해서 건너다 nói chuyện 이야기하다 bài hát 노래 đến thăm 방문하러 오다

듣기

MP3 11-06

1 다음 질문을 듣고 단어를 쓰세요.

❶ ____________ ❷ ____________

❸ ____________ ❹ ____________

❺ ____________

2 잘 듣고 빈칸에 알맞은 단어를 써 넣으세요.

❶ A: Em có thể ______ với anh được không?

B: Không được, em không ______ anh mà.

❷ A: Anh muốn đi xem kịch với em vào cuối tuần này, em có ______ không?

B: ______ em xem. Vâng, em có thời gian.

❸ A: ______ mình có thể gặp nhau?

B: Anh ơi, em xin lỗi. Em không muốn gặp anh nữa. ______ đi.

3 다음 질문을 듣고 알맞은 답을 고르세요.

질문 ________________________________ ?

❶ Để em nghĩ đã. Em chưa chuẩn bị tinh thần mà.

❷ Không, em không thể gặp người yêu của anh.

❸ Em không đến gặp bạn em được.

단어

kịch 연극 thời gian 시간 nghĩ 생각하다 chuẩn bị 준비하다 tinh thần 마음, 정신

읽기

MP3 11-07

Hôm nay tôi muốn tâm sự một chút về tình yêu đơn phương của tôi.

오늘은 나의 짝사랑에 대해 조금 터놓고 이야기하고 싶다.

Tôi đã yêu đơn phương bạn cùng lớp suốt 7 năm.

나는 7년 내내 같은 반 친구를 짝사랑했다.

Bạn ấy mặc dù không đẹp trai lắm nhưng rất tốt bụng, luôn đối xử tốt với mọi người.

그 친구는 아주 잘생기지는 않았지만, 마음씨가 매우 좋고 항상 모두에게 잘 대해준다.

Vả lại, bạn ấy luôn có trách nhiệm với công việc chung của lớp.

또한 그 친구는 반의 공동의 일에 항상 책임감을 가지고 있다.

Ngày nào tôi cũng nghĩ đến bạn ấy, quên cả việc ăn uống.

매일 나는 그 친구를 생각하고 먹고 마시는 일을 모두 잊어버렸다.

5 năm trước, tôi đã thổ lộ với bạn ấy nhưng bị từ chối.

5년 전에 나는 그 친구에게 고백했지만 거절당했다.

Tôi đã rất buồn nhưng không thể quên bạn ấy.

나는 매우 슬펐지만, 그 친구를 잊을 수 없었다.

Bây giờ chúng tôi chỉ là bạn quen của nhau nhưng tôi cũng hài lòng.

지금 우리는 서로의 익숙한 친구일 뿐이지만 나는 만족한다.

단어

tâm sự **마음을 털어놓다** bạn cùng lớp **같은 반 친구** suốt + 기간 **기간 내내** mặc dù A nhưng B **비록 A하지만 B하다** đối xử **대우하다** mọi người **모두** có trách nhiệm **책임감 있는** chung **공통, 공동** quên **잊다, 잊어버리다** cả **모두** bị + 서술어 **주어가 안 좋은 일을 당하다** buồn **슬프다** quen **익숙하다** hài lòng **만족하다**

13 쓰기

1 다음 문장을 따라 써 보세요.

Hôm nay tôi muốn tâm sự một chút về tình yêu đơn phương của tôi.

✎ ....

Tôi đã yêu đơn phương bạn cùng lớp suốt 7 năm.

✎ ....

Bạn ấy mặc dù không đẹp trai lắm nhưng rất tốt bụng, luôn đối xử tốt với mọi người.

✎ ....

....

Vả lại, bạn ấy luôn có trách nhiệm với công việc chung của lớp.

✎ ....

Ngày nào tôi cũng nghĩ đến bạn ấy, quên cả việc ăn uống.

✎ ....

5 năm trước, tôi đã thổ lộ với bạn ấy nhưng bị từ chối.

✎ ....

Tôi đã rất buồn nhưng không thể quên bạn ấy.

✎ ....

Bây giờ chúng tôi chỉ là bạn quen của nhau nhưng tôi cũng hài lòng.

✎ ....

....

문화

뿌리칠 수 없는 베트남의 달콤한 간식

베트남 대표 간식 '커피'

베트남의 다양한 후식 문화 중 가장 유명한 건 바로 커피입니다. 여러분 베트남이 전 세계 커피 생산량 2위라는 사실을 알고 계셨나요? 베트남에서 커피는 큰 사랑을 받는 만큼 좋은 품질의 커피를 전 세계로 수출하고 있습니다. 특히 'G7', '다람쥐 커피' 등이 베트남을 대표하는 커피라고 할 수 있어요. 베트남에서 가장 유명한 이색 커피로 '코코넛 커피'도 있습니다. 이제는 한국에도 많이 알려져서, 코코넛 커피를 파는 곳마다 한국 관광객들로 가득 차 있다고 해요. 코코넛 커피는 커피 위에 달달한 코코넛 아이스크림을 올려 먹는 간식인데, 그 맛이 중독적이어서 한국에 가서도 코코넛 커피를 찾는 분들이 많다고 합니다.

베트남 전통 간식 '쩨(chè)'

또 다른 베트남의 후식은 바로 '쩨(chè)'입니다. 쩨는 베트남의 전통 간식입니다. 어느 식당에 가도 손쉽게 찾을 수 있고, 커피만큼이나 인기가 많은 간식이에요. 콩, 녹두, 팥 등을 끓여 식힌 후, 얼음을 섞어 시원하게 만든 간식으로 푸딩 또는 양갱과 식감이 비슷합니다. 주재료는 다양한 종류의 콩으로, 그밖에 녹두, 팥, 코코넛 껍질 등을 넣거나 추가로 과일을 넣기도 합니다. 그렇기에 쩨는 가게마다 다른 모양과 색, 맛을 가지고 있어요. 쩨는 지역에 따라서 내용물이 다 다른데 가장 흔한 것은 '쩨더우(Chè đậu)'로, 삶은 콩에 코코넛 껍질을 끓여 얼음을 섞은 간식입니다. 지방 마다 특색 있는 쩨를 맛보는 것도 베트남 여행의 묘미 중 하나입니다.

베트남 쩨

베트남 코코넛 커피

난 이제 틀렸어...
체념하면서 화를 내고 싶을 때 내뱉는 한마디

Yêu với đương gì!
이에우 버이 드엉 지

연애는 개뿔!

(연애는 무슨 연애야!)

일상생활에서 많이 쓰는 표현입니다.
"진짜 사람들 다 있고 나만 없어 애인" 이런 재미있는 느낌이에요.
'연애'라는 'yêu đương' 단어를 나누어
앞에는 'với' 뒤에는 'gì' 를붙여
연애가 가당키나 하냐, 무슨 말도 안 되는 거냐라는
어감을 표현해요.

*재미있는 표현 한 가지 더 추가
베트남 젊은 세대들의 트위터나 페이스북 등 SNS에 올린 글을 보면
'FA'가 자주 등장하는 것을 볼 수 있는데요
베트남 유행어로 모솔, 모태솔로를 'FA'라고 부릅니다.
바로 영어의 'Forever Alone'의 줄임말이에요.
아직 미래에 무슨 일이 일어날지 모르는데
베트남어 줄임말은 조금 무서운 느낌이 들지 않나요?

어제 나는 소매치기를 당했어.

Hôm qua mình bị móc túi.

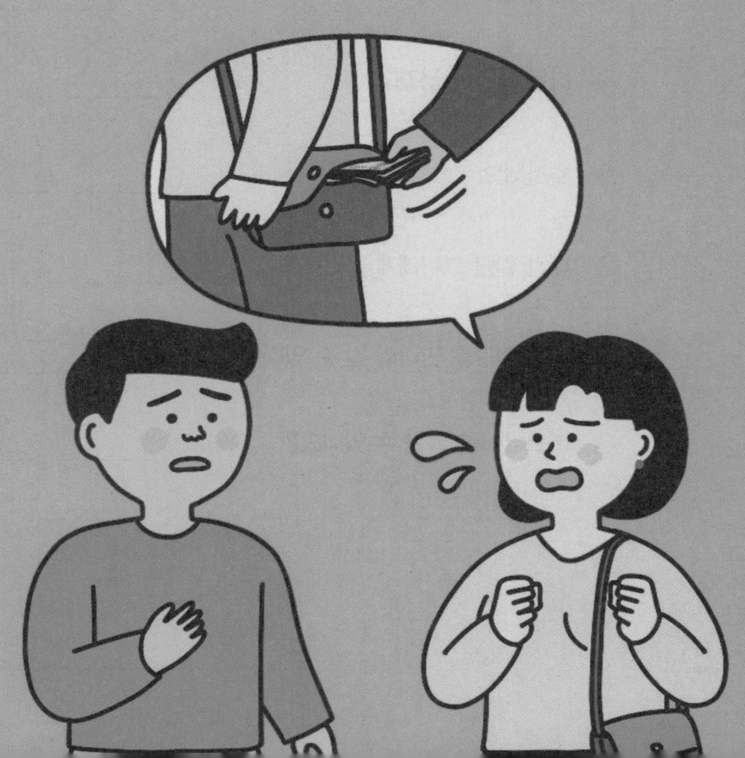

토닥토닥 응원 메시지

여러분! 축하합니다. Chúc mừng các bạn! 드디어 이번 과가 마지막이네요. 정말 고생 많으셨어요. 이제 베트남어에 대한 자신감이 조금 생겼나요? 물론 이 책은 끝이 아니라 또 새로운 시작이 되겠지요. 하지만 한 권의 책을 끈기 있게 마무리한 여러분이라면 이다음 단계도 어려움 없이 나아갈 수 있을 거예요! 베트남어 초보 탈출 축하해요!

01 지난 과 복습

1 다음 빈칸에 알맞은 말을 써 넣으세요.

tình yêu	yêu đương	thích	yêu quý	yêu
người yêu	bạn trai	bạn gái	mối tình đầu	tình yêu sét đánh
tình yêu đơn phương	thổ lộ	hẹn hò	thất tình	chia tay

이상형	영원히	거짓말하다	소개하다	행복하다

2 다음 문장을 베트남어로 완성하세요.

❶ 헤어지자. ______________________

❷ 나는 애인이 생겼다. ______________________

❸ 축하해요. ______________________

❹ 내가 일단 그녀에게 물어볼게. ______________________

❺ 나는 친구를 만나러 갈 수 있다. ______________________

❻ 베트남어를 말할 수 있나요? ______________________

02 단어

MP3 12-01

수동형 được을 쓰는 좋은 일

gặp bạn	친구를 만나다	**làm quen với bạn**	친구와 사귀다
nghỉ	쉬다	**khen**	칭찬하다
thăng chức	승진하다	**trúng xổ số**	복권에 당첨되다

위의 gặp bạn은 Rất vui được gặp bạn의 gặp bạn입니다.

수동형 bị를 쓰는 나쁜 일

ốm / bệnh	병, 아프다	**tai nạn**	사고
trộm	도둑	**cướp**	강도
móc túi	소매치기	**ngã**	넘어지다
chê	험담하다, 비난하다	**phê bình**	비난하다
thi trượt	시험에 떨어지다	**lạc đường**	길을 잃다
mất	잃다, 잃어버리다		

관공서

sở cảnh sát

경찰서

toà án

법원

ngân hàng

은행

toà thị chính

시청

trạm cứu hỏa

소방서

03 단어 연습

1 다음 단어 중 được을 쓰는 좋은 일에 동그라미 하세요.

khen　　phê bình　　ốm / bệnh

trúng xổ số　　làm quen với bạn

nghỉ　　thăng chức　　ngã

2 다음 그림을 보고 알맞은 관공서의 이름을 써 넣으세요.

____

____

____

____

____

문장1

MP3 12-02

Bạn bị sao thế? 친구야 왜 그래? (무슨 일이에요?)

Chị bị làm sao vậy? 언니, 왜 그런 거예요? (무슨 일이에요?)

주어가 안 좋은 일을 당하거나 안 좋아 보일 때 물어보는 질문입니다. 우리말로 '어째서 그런 거예요?' '무슨 일이에요?' 등으로 해석합니다.

Vì sao vậy? 왜 그런 거죠?

Tại sao lại như vậy? 왜 이런 거예요?

Có chuyện gì? 무슨 일이 있나요?

'vì sao, tại sao'는 '왜'라는 뜻으로 이유나 원인을 묻는 의문사입니다. 문장 끝에 'vậy, thế' 등과 함께 쓰여서 궁금한 어감을 나타냅니다.
'chuyện'은 '일, 사정, 사건' 영어의 matter와 같은 뜻으로 'có chuyện gì, có chuyện gì không?'도 이유나 원인을 묻는 데 사용합니다.

Giúp tôi với! 도와주세요! (Help me!)

Cứu tôi với! 살려주세요!

타인에게 도움을 요청하는 말입니다. cứu tôi với는 비상, 재난 상황에 사용합니다.

Em có sao không? 너 괜찮니?

누군가 다치거나 안 좋은 상황에 처했을 때 물어보는 말입니다.
괜찮을 경우에는 'không sao'으로 대답합니다.

단어

bị + 서술어 주어가 안 좋은 일을 당하다 sao 왜 làm sao 왜, 어째서 vì sao 왜 tại sao 왜 chuyện 일, 사정, 사건 giúp 돕다 cứu 구하다

문장2

MP3 12-03

Rất vui được gặp anh. (연상 남자에게) 만나서 반갑습니다.

Rất vui được làm quen với bạn. 친해져서 매우 기쁩니다.

Hân hạnh được gặp ông. 만나 뵙게 되어 영광입니다.

Hân hạnh được phục vụ quý khách.
고객님을 서비스하게 되어 영광입니다.

'được + 서술어'는 수동형을 만드는데 'được'은 주어에게 유리한 상황 또는 긍정적인 일을 나타내거나, 화자의 가치 판단이 어려운 일을 수동형으로 만들 때 사용됩니다. 해석은 문장별 상황, 동사에 따라 달라지니 주의하세요.

Tôi được nghỉ trong 3 ngày. 나는 3일간 쉬게 된다. (쉰다.)

Toà nhà này được xây dựng vào năm 1990. 이 건물은 1990년에 건설되었다.

Tôi bị mưa. 나는 비에 맞았다.

Tôi bị muộn/trễ. 나는 늦었다.

Tôi bị mệt. 나는 피곤하다.

'bị + 서술어'도 수동형을 만드는데 bị는 주어에게 불리한 상황, 또는 안 좋은 일이 생겼을 때 사용해요. 해석은 문장별 상황, 동사에 따라 달라지니 주의하세요.

Tôi bị tai nạn. 나는 사고를 당했다. (사고가 났다.)

Anh ấy bị trộm. 그는 도둑질을 당했다.

단어

hân hạnh 영광이다 phục vụ 서비스하다 quý khách 고객 trong + 기간 기간 동안 toà nhà 건물, 빌딩 xây dựng 건설하다, 세우다 mưa 비 muộn=trễ 늦다

06 회화

MP3 12-04

Minh Trông bạn có vẻ rất buồn. Bạn có chuyện gì không?

Yu-na Thật ra, hôm qua mình bị móc túi.

Minh Ôi, thế hả? Bạn bị móc túi ở đâu?

Bị mất thứ gì quan trọng không?

Yu-na Mình cũng không biết gì cả.

Sau khi về đến nhà, mình mới phát hiện là mình bị móc túi.

Mình bị móc ví tiền.

Trong ví đó có những 2 triệu đồng nên mình đang rất buồn.

Minh Thế, bạn đã trình báo công an chưa?

Yu-na Chưa, mình định đến sở cảnh sát vào chiều nay.

Minh Chúng ta cùng đi nhé. Mình có thể giúp được bạn.

밍 너 매우 슬퍼 보인다. 무슨 일 있어?

유나 사실 어제 나는 소매치기를 당했어.

밍 어, 그래? 어디에서 소매치기를 당했어?

뭐 중요한 거 잃어버렸어?

유나 나도 아무것도 모르겠어.

집에 와서야 비로소 내가 소매치기를 당했다는 걸 발견했어.

지갑을 소매치기 당했고, 그 지갑에 200만 동이나 있었기 때문에 나는 지금 매우 슬퍼.

밍 그러면 너 경찰에 신고했어?

유나 아직 안 했어. 오늘 오후에 경찰서에 갈 예정이야.

밍 우리 같이 가자. 내가 널 도와줄 수 있어.

07 회화 연습

Minh
Trông bạn có vẻ rất buồn.
쫑 반 꼬 배 젓(럿) 부언

Bạn có chuyện gì không?
반 꼬 쭈이엔 지(이) 콩

'trông A có vẻ~' 구문은 'A는 ~해 보인다'라는 눈으로 보고 말하는 추측 용법이에요.
여기서 trông 대상의 위치가 바뀔 수 있어요.
예) Trông bạn có vẻ buồn.
= Bạn trông có vẻ buồn.

buồn 슬프다 chuyện 일, 사정, 사건

Yu-na
Thật ra, hôm qua mình bị móc túi.
텃 재(라) 홈 꾸아 밍 비 목 뚜이

'bị + 서술어'는 수동형으로 주어에게 불리한 일을 당한 것을 나타내며 문맥에 맞게 '~당하다' 등으로 해석합니다. 문법 코너에서 자세히 공부해요.

thật ra 사실, 실제로 móc túi 소매치기하다, 주머니를 털다

Minh
Ôi, thế hả? Bạn bị móc túi ở đâu?
오이 테 하 반 비 목 뚜이 어 더우

Bị mất thứ gì quan trọng không?
비 먿 트 지(이) 꾸안 쫑 콩

hả 문장 끝에 붙어서 놀람을 뜻하는 의문문을 만듦 mất 잃다, 잃어버리다 thứ 것 quan trọng 중요하다

Yu-na
Mình cũng không biết gì cả.
밍 꿍 콩 비엣 지(이) 까

Sau khi về đến nhà, mình mới phát hiện là
싸우 키 베 덴 냐 밍 머이 팟 히엔 라

mình bị móc túi. Mình bị móc ví tiền.
밍 비 목 뚜이 밍 비 목 비 띠엔

Trong ví đó có những 2 triệu đồng nên
쫑 비 도 꼬 늉 하이 찌에우 동 넨

mình đang rất buồn.
밍 당 젓(럿) 부온

'không ~ gì cả'는 부정 강조형으로 '아무것도 하지 않다', '하나도 ~하지 않다'라고 해석해요.

'mới + 동사'는 부사로 '비로소', '그제서야 ~하다'라는 뜻입니다. mới의 여러가지 용법은 문법 코너에서 함께 배워요.

'những + 숫자'는 그 수량이 많은 것을 강조해요.
'(숫자)나, ~이나'라고 해석해요.
예) có những 8 người. 8명이나 있다.

về đến nhà 집에 도착하다 phát hiện 발견하다
ví (tiền) 지갑

Minh
Thế, bạn đã trình báo công an chưa?
테 반 다 찡 바오 꽁 안 쯔어

trình báo 신고하다 công an = cảnh sát 경찰

Yu-na
Chưa, mình định đến sở cảnh sát
쯔어 밍 딩 덴 써 까잉(깐) 쌋

vào chiều nay.
바오 찌에우 나이

định 예정이다 sở cảnh sát 경찰서

Minh
Chúng ta cùng đi nhé.
쭝 따 꿍 디 녜

Mình có thể giúp được bạn.
밍 꼬 테 즙(윱) 드억 반

giúp 돕다, 도와주다

문법1

수동형

1) 긍정적인 수동형: 주어에게 유리하고 좋은 일이 일어난 것을 표현합니다.

주어 + được + 서술어 　주어는 서술어 받다, 서술어 하게 되다.

Tôi được khen. 나는 칭찬받는다.

Tôi được nghỉ. 나는 쉬게 되었다.

주어 + được + 행위자 + 서술어 　주어는 행위자에게 서술어 받다.

Tôi được thầy giáo khen. 나는 (남자)선생님께 칭찬받는다.

2) 부정적인 수동형: 주어에게 불리하고 안 좋은 일이 일어난 것을 표현합니다.

주어 + bị + 서술어 　주어는 서술어 당하다.

Tôi bị phê bình. 나는 비난당한다.

주어 + bị + 행위자 + 서술어 　주어는 행위자에게 서술어 당하다.

Tôi bị các bạn cùng lớp phê bình. 나는 같은 반 친구들에게 비난당한다.

'bị + 병명/증상'은 '병에 걸리다'라는 뜻입니다. '아프다' 또는 몸의 질병 등을 이야기할 때도 서술어 앞에 'bị'를 붙입니다.

Tôi bị cảm. 나는 감기에 걸렸다.

Anh ấy bị đau bụng. 그는 배가 아프다.

단어

khen 칭찬하다 phê bình 비난하다 lớp 반, 클래스 cảm 감기 đau 아프다

문법2

부정 강조

주어 + không + 서술어 + gì cả　주어는 아무것도 서술어 하지 않는다.

không, chưa, chẳng 등의 부정사와 함께 쓰여 부정을 강조합니다.

Cả ngày, anh ấy không ăn gì cả.　하루 종일 그는 아무것도 안 먹는다.

Em chưa hiểu được gì cả.　저는 아직 아무것도 이해하지 못했어요.

Mình chẳng muốn làm gì cả.　나는 아무것도 하고 싶지 않아.

잠깐 chẳng은 không과 비슷한 뜻으로 주로 구어체나 강조 문장에 사용해요.

mới 정리하기

잠깐 mới가 근접 과거로 사용될 때 'vừa + 동사(방금 막 ~하다)'와 같은 표현입니다. 'vừa mới, mới vừa + 동사' 형태로 사용하기도 해요.

1. 형용사: 명사를 수식하거나, 서술어로 쓰입니다.

명사 + mới　새로운 명사/명사는 새거다. (새롭다.)

nhà mới　새집

Đối với tôi, món Huế rất mới và lạ.　나에게는 후에 음식이 매우 새롭고 낯설다.

2. 근접 과거: 가까운 과거를 나타냅니다.

주어 + mới + 동사 + 목적어　주어는 방금(막) 목적어를 ~했다.

Tôi mới về đến nhà.　나는 막 집에 도착했다.

3. 부사: '비로소', '그제야'라는 뜻으로 이루어진 행위가 늦어진 어감을 표현합니다.

주어 + mới + 동사 + 목적어　주어는 비로소, 그제야 목적어를 ~했다.

Đến 11 giờ đêm, tôi mới về đến nhà.　밤 11시가 되어서야, 나는 비로소 집에 도착했다.

4. 시간/나이와 함께 사용하여 시간이 이르고, 나이가 어리다는 것을 강조합니다.

mới + 시간 / 나이　이제 겨우 시간/나이 이다.

Mới 5 giờ mà trời đã sáng.　겨우 5시인데 날이 벌써 밝았다.

Cháu ấy mới 7 tuổi thôi.　그 아이는 겨우 7살밖에 안 됐다.

단어

cả ngày 하루 종일　hiểu 이해하다　đối với ~에게는　lạ 낯설다　trời 하늘　sáng 밝다　cháu 손자, 조카, 혹은 손자 조카뻘의 아이　tuổi 나이

말하기

MP3 12-05

1 다음 문장을 3번씩 발음해 보세요.

Đà Nẵng được nhiều du khách nước ngoài yêu thích.

Trời mưa to nên tôi bị muộn.

Tôi không thích xem phim gì cả.

2 다음 패턴으로 말해 보세요.

A: Trông anh có vẻ mệt. Anh bị làm sao thế?

B: Anh bị cảm từ tối hôm qua.

❶ chị / đau bụng
❷ em / đau đầu
❸ bạn(mình) / đau mắt
❹ anh / sốt cao

3 다음 패턴으로 말해 보세요.

A: Bạn có biết về lịch sử Hội An không?

B: Không, mình không biết gì cả.

❶ em / thích học tiếng Việt / em / thích
❷ chị / muốn ăn phở / chị / muốn ăn
❸ anh / hiểu về tâm lý của em / anh / hiểu

단어

du khách 여행객 yêu thích 선호하다, 좋아하다 trời mưa 비가 오다 to 크다 muộn 늦다 mệt 피곤하다 làm sao 어째서, 어떻게 tối 저녁 đầu 머리 mắt 눈 sốt 열이 나다 tâm lý 심리, 생각

듣기

MP3 12-06

1 다음을 듣고 단어를 쓰세요.

❶ ______ ❷ ______

❸ ______ ❹ ______

❺ ______

2 잘 듣고 빈칸에 알맞은 단어를 써 넣으세요.

❶ A: Em đã bị ______ túi.
B: Ôi, thật hả em?

❷ A: Chị đã trình báo ______ chưa?
B: Rồi. Chị vừa mới đi sở cảnh sát về.

❸ A: ______ em chưa nói với anh?
B: Vì anh bị lo lắng nhiều mà.

3 다음 질문을 듣고 알맞은 답을 고르세요.

질문 ______?

❶ Chị không muốn gặp anh ấy gì cả.

❷ Chị bị thi trượt nên rất buồn.

❸ Chị định về thăm ông bà ở quê.

단어

thật 진짜, 진실 vừa mới + 동사 방금 막 ~하다 đi ~ về ~에 갔다 돌아오다 nhiều 많이 về thăm (고향, 가족, 친척 등) 돌아가서 방문하다

읽기

MP3 12-07

<Nhật ký của Yuna>
유나의 일기

Tôi đang sống và làm việc ở Việt Nam.
나는 현재 베트남에서 살고 일하고 있다.

Tôi đã sống ở Việt Nam được 6 tháng rồi.
나는 베트남에 산 지 6개월 되었다.

Khi mới đến Việt Nam, mọi thứ đều mới lạ.
막 베트남에 왔을 때 모든 것이 다 새롭고 낯설었다.

Tôi rất lo lắng là tôi có thể thích nghi được hay không.
나는 내가 적응할 수 있을지 아닐지 매우 걱정했다.

Nhưng người Việt Nam rất thân thiện và luôn đối xử tốt với tôi.
하지만 베트남 사람은 매우 친절하고 항상 나에게 잘 대해준다.

Càng sống ở đây, tôi càng thích và quen với sinh hoạt ở đây.
여기에서 살면 살수록 나는 점점 이곳의 생활을 좋아하고 익숙해진다.

Tuy hôm qua tôi rất buồn vì bị móc túi nhưng mọi người đều giúp tôi.
비록 어제 나는 소매치기를 당해서 매우 슬펐지만 모두 다 나를 도와준다.

Tôi vẫn thích sống ở đây.
나는 여기에서 사는 것을 여전히 좋아한다.

단어

nhật ký 일기 mới + 동사 막 ~했다(근접과거) mọi thứ 모든 것 mới 새롭다 lạ 낯설다 lo lắng 걱정하다 thích nghi 적응하다 ~ hay không ~인지 아닌지 thân thiện 친절하다 càng ~ càng ~ ~하면 할수록(점점 더) ~하다 quen 익숙하다, 적응하다 sinh hoạt 생활 tuy A nhưng B 비록 A하지만 B하다 mọi người 모두 giúp 돕다, 도와주다 vẫn 여전히

쓰기

1 다음 문장을 따라 써 보세요.

Tôi đang sống và làm việc ở Việt Nam.

Tôi đã sống ở Việt Nam được 6 tháng rồi.

Khi mới đến Việt Nam, mọi thứ đều mới lạ.

Tôi rất lo lắng là tôi có thể thích nghi được hay không.

Nhưng người Việt Nam rất thân thiện và luôn đối xử tốt cho tôi.

Càng sống ở đây, tôi càng thích và quen với sinh hoạt ở đây.

Tuy hôm qua tôi rất buồn vì bị móc túi nhưng mọi người đều giúp tôi.

Tôi vẫn thích sống ở đây.

베트남에 불어온 한류열풍

여러분도 가족끼리 자주 텔레비전 앞에 모여서 즐거운 시간을 보내시나요? 베트남에서도 많은 가족이 텔레비전을 보며 여가 시간을 보냅니다. 최근까지 베트남 방송 프로그램에서 많은 비중을 차지한 건 드라마와 뉴스였습니다. 그러나 2010년대에 들어 새로운 예능이 대거 등장하면서, 지금은 예능이 방송국을 이끌어 간다고 해도 과언이 아닙니다. 베트남을 대표하는 TV 방송국인 VTV, HTV의 편성표를 보더라도 예능의 수가 많이 늘었다는 것을 한눈에 알 수 있습니다.

현재 베트남의 인기 방송 프로그램 종류는 크게 노래 경연, 관찰 예능, 리얼리티 예능, 문제 맞추기 등이 대표적입니다. 또는 일반인들이 참여해 프로그램을 이끌어가는 방식을 흔히 볼 수 있어요. 프로그램 설명을 듣다 보니 왠지 모르게 머릿속에서 익숙한 예능이 떠오르지 않나요? 맞습니다. 실제로 베트남의 많은 예능 프로그램들은 한국에서 수입한 콘텐츠입니다. 한국에서 인기를 끌었던 예능이 베트남에 수출되고 현지화되어 인기를 끌고 있죠.

처음에는 K-Pop과 드라마였지만 이제 예능 판으로 새롭게 바뀌고 있습니다. 가장 먼저 베트남에 진출한 프로그램은 바로 '런닝맨' 입니다. 처음엔 한국어판 런닝맨이 베트남어로 번역되어 점점 인기를 끌더니 베트남 버전의 런닝맨으로 재탄생했습니다. 런닝맨의 성공에 힘입어 다른 프로그램들로 베트남에 진출하기 시작했습니다. 2019년 12월 말에는 SBS와 현지 방송사가 협력해 제작한 'The Love Game'이 첫 방송을 시작했고, 육아 예능인 '아빠! 어디가?(Bố ơi! Mình đi đâu thế?)'와 '너의 목소리가 보여(Giọng ải giọng ai)'의 포맷이 수출돼 현지에서 새롭게 런칭했습니다. 사실상 한국에서 유행하는 모든 장르의 프로그램들이 그대로 수출된다고 볼 수 있습니다.
익숙하면서 부담없이 즐길 수 있는 베트남 예능을 보면서 베트남어 공부에 도전해 보는 것은 어떨까요?

한복을 입고 있는 베트남 학생들

베트남판 〈아빠! 어디가?〉

출처: vtv 방송국

만능 베트남어

가끔 헛소리 하는 친구에게
정신 번쩍 들게 하는 말!

Tỉnh táo lại đi!
띵 따오 라이 디

정신 차리세요!

상상 속에 빠져 있다가 현실로 돌아오게 하는 강력한 한마디입니다.
현실을 직시하도록 권유하는 말이지요.

'tỉnh táo'는 '잠에서 깨다', '정신이 또렷하고 맑다'라는 뜻이고
'lại'는 동적인 것이 정적으로 변화할 때
동사 뒤에 붙는 성분입니다.
문장 끝 'đi'는 명령문을 만들어줍니다.

어떤 상황에서 쓸까요?

잠에서 깨어나지 못해 비몽사몽한 친구에게

내일부터 시험인데 놀러 가자고 하는 친구에게

관광지에서 핸드폰과 귀중품을 함부로
놓고 다니려고 하는 가족에게

모두

Tỉnh táo lại đi!

한 번 더 정리
1~12과 복습

1과

핵심 문법

1. là 동사 문장

A + **là** + **B** A는 B이다.

A + **không phải là** + **B** A는 B가 아니다.

A + **là** + **B** + **phải không?** A는 B입니까?

2. 베트남어 인칭

	단수	복수
1인칭	tôi (친분이 없을 때) 나	chúng tôi 우리 (상대 포함×)
	mình (친구 사이) 나	chúng ta 우리 (상대 포함O)
2인칭	anh 형/오빠	các anh 형들/오빠들
	chị 언니/누나	các chị 언니들/누나들
	em 동생	các em 동생들
	bạn 친구	các bạn 친구들
3인칭 'họ'는 '그들'	anh ấy 그 형/그 오빠	các anh ấy 그 형들/그 오빠들
	chị ấy 그 언니/그 누나	các chị ấy 그 언니들/그 누나들
	em ấy 그 동생	các em ấy 그 동생들
	bạn ấy 그 친구	các bạn ấy 그 친구들

핵심 문장

1 **Tôi tên là Hùng.** 내 이름은 훙입니다.

2 **Tôi tên không phải là Hùng.** 내 이름은 훙이 아닙니다.

3 **Anh tên là Hùng phải không?** 당신의 이름은 훙입니까?

2과

핵심 문법

1. 형용사 문장

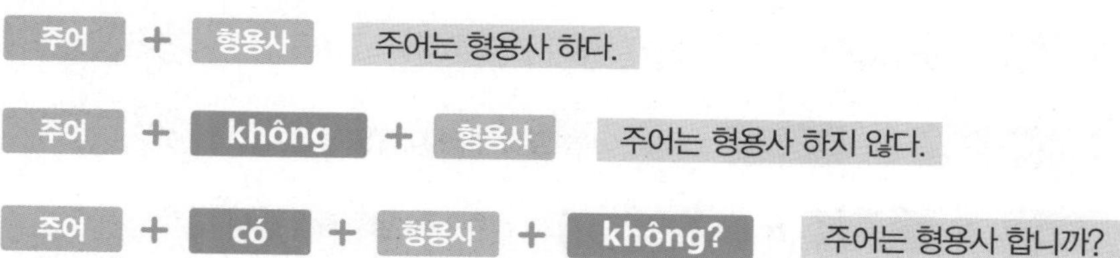

2. 기본 접속사

순접	역접	화제 전환
và	nhưng	còn
와/과, 그리고	그러나	그리고, 그러나, 그러면

핵심 문장

1 **tôi và các bạn tôi** 나와 내 친구들.

2 **Áo dài đẹp nhưng đắt.** 아오자이는 예쁘지만 비싸다.

3 **Chị rất khỏe, còn em?** 언니는 매우 건강해. 너는?

3 **Núi Hanla có cao không ?** 한라산은 높은가요?

3과

핵심 문법

1. ~가 있다

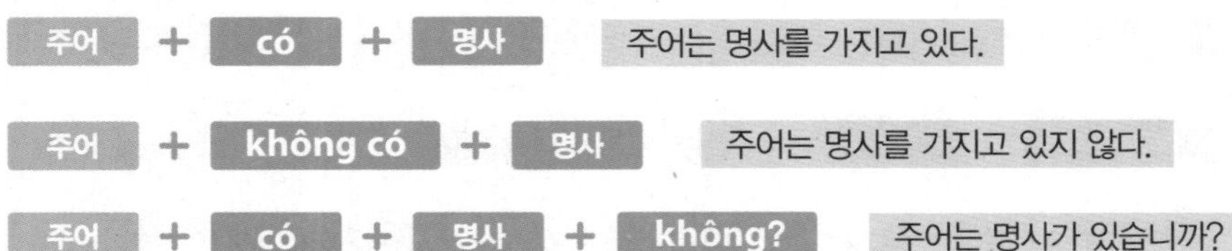

2. 기본 종별사

무생물	생물	과일/구 형태	책	차량/낱개	종이
cái	con	quả/trái	quyển/cuốn	chiếc	tờ
가방, 책상, 옷 등의 사물	사람, 동물, 곤충	과일 및 공과 같은 구 형태의 사물	책, 공책, 잡지	자전거, 자동차, 버스 등 교통 수단 및 세트 중 낱개	종이, 돈 등의 지류

핵심 문장

1 **Tôi có tiền.** 나는 돈이 있다.

2 **Tôi không có tiền.** 나는 돈이 없다.

3 **Bạn có tiền không?** 친구는 돈이 있어?

4 **cái bàn và cái ghế** 책상과 의자

4과

핵심 문법

1. 동사 문장

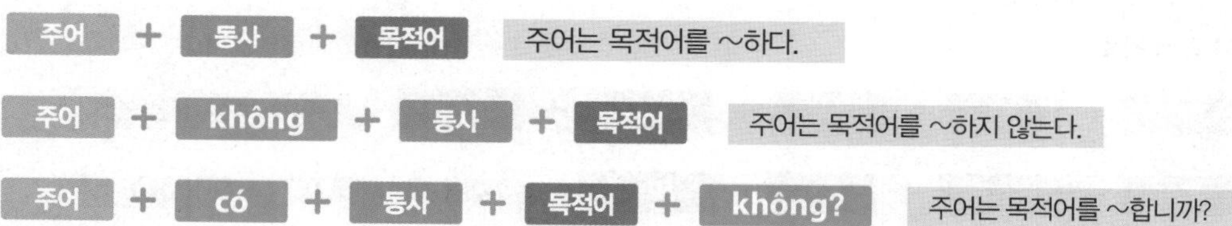

2. 기본 전치사

시각	~와 함께	장소	~부터 ~까지
lúc	**với**	**ở**	**từ ~ đến ~**
~에	~와/과 함께	~에, ~에서	~부터 ~까지

핵심 문장

1 **Tôi ăn cơm.** 나는 밥을 먹는다.

2 **Tôi không ăn cơm.** 나는 밥을 먹지 않는다.

3 **Bạn có ăn cơm không?** 너 밥 먹을 거야?

4 **Tôi học tiếng Việt từ 9 giờ đến 11 giờ sáng.**
나는 오전 9시부터 11시까지 베트남어를 공부한다.

5과

핵심 문법

1. 베트남어 시제

1) 과거 완료

주어 + đã + 동사 + 목적어 + rồi　주어는 목적어를 ~했다.

주어 + chưa + 동사 + 목적어　주어는 목적어를 아직 ~하지 않았다.

주어 + đã + 동사 + 목적어 + chưa?　주어는 목적어를 ~했나요?

2) 현재 진행

주어 + đang + 동사 + 목적어　주어는 목적어를 ~하는 중이다.

3) 미래와 의지

주어 + sẽ + 동사 + 목적어　주어는 목적어를 ~할 것이다.

핵심 문장

1 **Cô ấy đã về nhà (rồi).** 그녀는 (이미) 집에 갔다.

2 **Cô ấy đang về nhà.** 그녀는 집에 가고 있는 중이다.

3 **Tôi sẽ học tiếng Việt chăm chỉ.**
나는 베트남어 공부를 열심히 할 것이다.

4 **Mình chưa ăn cơm.** 나는 아직 밥을 안 먹었어.

5 **Bạn đã ăn cơm chưa?** 너는 밥을 먹었니?

06

6과

핵심 문법

1. 베트남어 비교급

1) 동등 비교 bằng, như

A + 형용사 + bằng + B　A는 B만큼 형용사 하다.

일반적으로 수치화 가능한 대상을 비교할 때 사용합니다. 예) 높이, 무게

A + 형용사 + như + B　A는 B처럼 형용사 하다.

일반적으로 수치화 불가능한 것, 추상적인 상태를 빗대어 표현할 때 사용합니다. 예) 맛있는, 예쁜

2) 우등 비교 hơn

A + 형용사 + hơn + B　A는 B보다 형용사 하다.

비교 대상보다 더 우등하거나 열등한 점을 나타낼 때 사용합니다.

3) 최상급 nhất

A + 형용사 + nhất　A는 제일 형용사 하다.

최상급 비교의 경우 비교하는 범위를 정해서 쓰이는 경우가 많습니다. 범위 한정을 'trong + 명사'로 할 수 있습니다.

핵심 문장

1 **Tôi cao bằng anh trai tôi.** 나는 우리 형만큼 키가 크다.

2 **Cô ấy đẹp như tiên.** 그녀는 선녀처럼 예쁘다.

3 **Tôi cao hơn anh trai tôi.** 나는 우리 형보다 키가 크다.

4 **Tôi cao nhất.** 나는 제일 키가 크다.

5 **Trong lớp tôi, tôi cao nhất.** 우리 반에서 내가 제일 키가 크다.

7과

핵심 문법

1. 미래 완료

1) 긍정문

주어 + sắp + 동사 + 목적어 + rồi　주어는 곧 목적어를 ~할 것이다.

2) 의문문

주어 + sắp + 동사 + 목적어 + chưa　주어는 목적어를 곧 ~하나요?

2. 전치사 vào

주어 + 동사 + 목적어 + vào + 시간　주어는 시간에 목적어를 ~한다.

'vào' 뒤에는 날짜, 요일, 시즌, 계절 등과 같은 시간 명사가 위치해요.
'vào + 시간'이 문장 제일 앞으로 와도 됩니다.

핵심 문장

1. **Anh ấy sắp đến nơi rồi.** 그는 장소에 곧 도착해요. (그는 장소에 다 와 가요.)
2. **Anh ấy sắp đến nơi chưa?** 그는 곧 장소에 도착하나요?
3. **Tôi về nước vào ngày 11 tháng 3.** 나는 3월 11일에 귀국해.
4. **Vào ngày tết, mọi người được nghỉ.** 설날에 모든 사람은 쉰다.

08 # 8과

핵심 문법

1. cho 탐구하기

1) cho의 동사 용법(1): ~주다.

cho + 사람 + 명사 사람에게 명사를 주다.

2) cho의 동사 용법(2): 사역 동사, ~하게 하다. ~하게 해 주다.

cho + 사람 + 동사 사람이 ~하게 하다./ ~하게 해주다.

3) cho의 전치사 용법

주어 + 동사 + 목적어 + cho + 대상

2. khi 탐구하기

khi + 서술어 또는 khi + 주어 + 서술어

'khi A thì B'의 형태로 쓰여 'A할 때 B하다'라고 해석하기도 해요.

핵심 문장

1 **Mẹ cho con tiền tiêu vặt.** 엄마는 자녀에게 용돈을 주다.

2 **Xin cho tôi gặp Bạn Minh.** 친구 밍을 만나게 해 주세요.

3 **Tôi mua quà cho bạn tôi.** 나는 나의 친구를 위해 선물을 산다.

4 **Khi rảnh, tôi thường đi dạo.** 한가할 때 나는 보통 산책을 한다.

9과

핵심 문법

1. 전치사 bằng

주어 + 동사 + 목적어 + bằng + 도구, 수단, 방법, 재료

주어는 도구, 수단, 방법, 재료로 목적어를 ~한다.

2. 조동사 nên

주어 + nên + 동사 + 목적어

주어는 목적어를 ~하는 것이 좋다.

3. vừa A vừa B

1) 서술어가 형용사일 때

주어 + vừa + 형용사1 + vừa + 형용사2

형용사1 하면서 형용사2 하다.

2) 서술어가 동사일 때

주어 + vừa + 동사1 + vừa + 동사2

동사1 하면서 동사2 하다.

핵심 문장

1 **Anh ấy làm bánh bằng bột mì.** 그는 밀가루로 빵을 만든다.

2 **Cô Linh vừa xinh đẹp vừa tốt bụng.**
링씨는 예쁘면서 마음씨가 좋다.

3 **Anh Minh vừa đi bộ vừa nghe nhạc.**
밍 오빠는 걸으면서 음악을 들어요.

4 **Chị nên đi bộ.** 언니는 걸어가는 것이 좋아요.

10과

핵심 문법

1. không chỉ A mà (còn) B (nữa)

1) 서술어가 형용사일 때

주어 + không chỉ + 형용사1 + mà còn + 형용사2 + nữa

형용사1 할 뿐만 아니라 형용사2 하기까지 하다.

2) 서술어가 동사일 때

주어 + không chỉ + 동사1 + mà còn + 동사2

동사1 할 뿐만 아니라 동사2 하기까지 하다.

2. nếu A thì B

nếu + 주어1 + 서술어1 + thì + 주어2 + 서술어2

만약에 'A하면 B한다'로 가정 또는 조건을 나타내요.

핵심 문장

1 **Món Việt Nam không chỉ ngon mà còn tốt cho sức khỏe nữa.** 베트남 음식은 맛있을 뿐만 아니라 건강에 좋기까지 해요.

2 **Anh ấy không chỉ hát hay mà nhảy giỏi .**
그는 노래를 잘할 뿐만 아니라 춤도 잘 춘다.

3 **Nếu anh ấy không đi thì tôi cũng không đi.**
만약 그가 가지 않으면 나도 가지 않는다.

4 **Nếu có thắc mắc gì thì em cứ hỏi cô nhé.**
만약 무슨 어려운 점이 있으면 주저 말고 선생님께 물어보렴.

11과(1)

핵심 문법

1. có thể 가능 구문

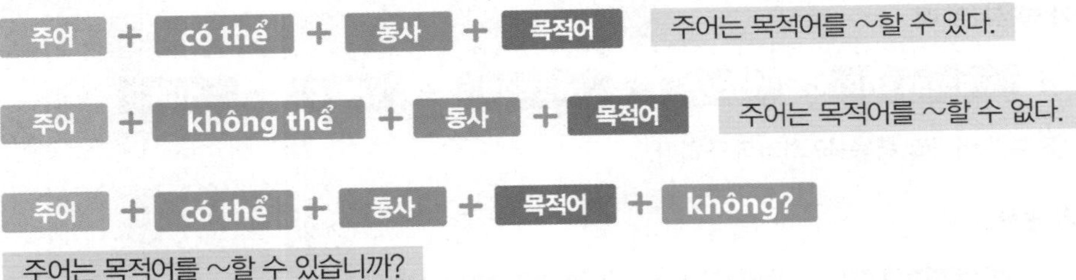

2. được 구문

> 잠깐
> '동사 + được'과 'được +기간'의 được은 다른 뜻으로 'được + 기간'은 '기간이 되다'라고 해석해요.
> ex) được 2 năm. 2년이 되다.

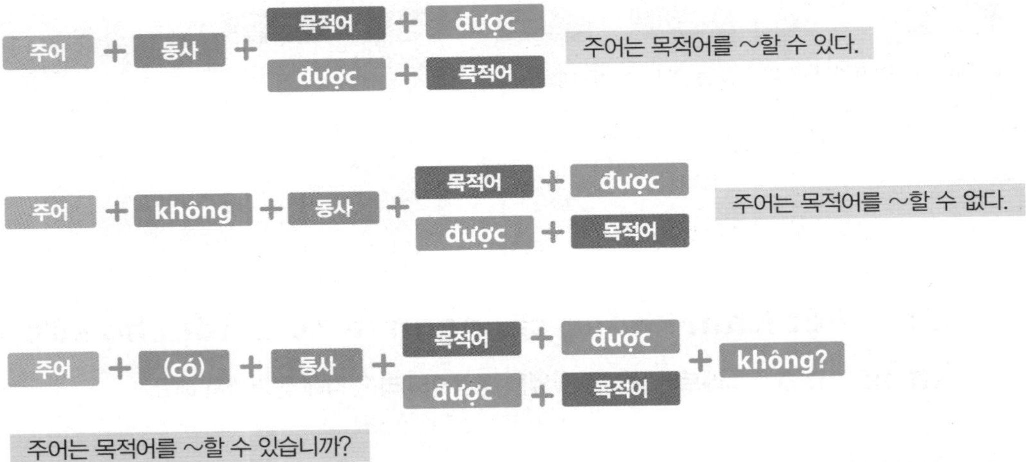

주어는 목적어를 ~할 수 있습니까?

2. để + 주어 + 서술어

Để + 주어 + 서술어 — 주어가 서술어를 하게 해줘.

사역 구문으로 '주어가 서술어를 하게 한다.'라고 해석하며 주어 자리에 1인칭이 올 때 영어의 'Let me~', '내가 ~할게.' 뜻과 비슷해요.

11과(2)

핵심 문장

1 **Tôi có thể đến gặp bạn tôi.**
나는 내 친구를 만나러 갈 수 있다.

2 **Tôi không thể đến gặp bạn tôi.**
나는 내 친구를 만나러 갈 수 없다.

3 **Chị có thể đến gặp bạn không?**
언니는 친구를 만나러 갈 수 있나요?

4 **Tôi nói tiếng Việt được.=Tôi nói được tiếng Việt.**
나는 베트남어를 말할 수 있다.

5 **Tôi không nói tiếng Việt được.=Tôi không nói được tiếng Việt.**
나는 베트남어를 말할 수 없다.

6 **Bạn có nói tiếng Việt được không? = Bạn có nói được tiếng Việt không?**
당신은 베트남어를 말할 수 있나요?

7 **Để tôi hỏi nhé.** 내가 물어볼게.

12과(1)

핵심 문법

1. có thể 가능 구문

1) 긍정적인 수동형: 주어에게 유리하고 좋은 일이 일어난 것을 표현합니다.

주어 + được + 서술어 — 주어는 서술어 받다, 서술어 하게 되다.

주어 + được + 행위자 + 서술어 — 주어는 행위자에게 서술어 받다.

2) 부정적인 수동형: 주어에게 불리하고 안 좋은 일이 일어난 것을 표현합니다.

주어 + bị + 서술어 — 주어는 서술어 당하다.

주어 + bị + 행위자 + 서술어 — 주어는 행위자에게 서술어 당하다.

bị + 병명/증상 — 병에 걸리다./아프다.

2. 부정 강조

주어 + không + 서술어 + gì cả — 주어는 아무것도 서술어 하지 않는다.

3. mới 정리하기

1) 형용사: 명사를 수식하거나, 서술어로 쓰입니다.

명사 + mới — 새로운 명사/명사는 새거다. (새롭다.)

2) 근접 과거: 가까운 과거를 나타냅니다.

주어 + mới + 동사 + 목적어 — 주어는 방금(막) 목적어를 ~했다.

3) 부사: '비로소', '그제야'라는 뜻으로 이루어진 행위가 늦어진 어감을 표현합니다.

주어 + mới + 동사 + 목적어 — 주어는 비로소, 그제야 목적어를 ~했다.

4) 시간/나이와 함께 사용하여 시간이 이르고, 나이가 어리다는 것을 강조합니다.

mới + 시간/나이 — 이제 겨우 시간/나이 이다.

12과(2)

핵심 문장

1 **Tôi được nghỉ.** 나는 쉬게 되었다.

2 **Tôi được thầy giáo khen.**
나는 (남자)선생님께 칭찬받는다.

3 **Tôi bị các bạn cùng lớp phê bình.**
나는 같은 반 친구들에게 비난당한다.

4 **Tôi bị cảm.** 나는 감기에 걸렸다.

5 **Cả ngày, anh ấy không ăn gì cả.**
하루 종일 그는 아무것도 안 먹는다.

6 **nhà mới** 새집

7 **Cháu ấy mới 7 tuổi thôi.** 그 아이는 겨우 7살밖에 안 됐다.

13 베트남어 호칭 정리하기

핵심 문법

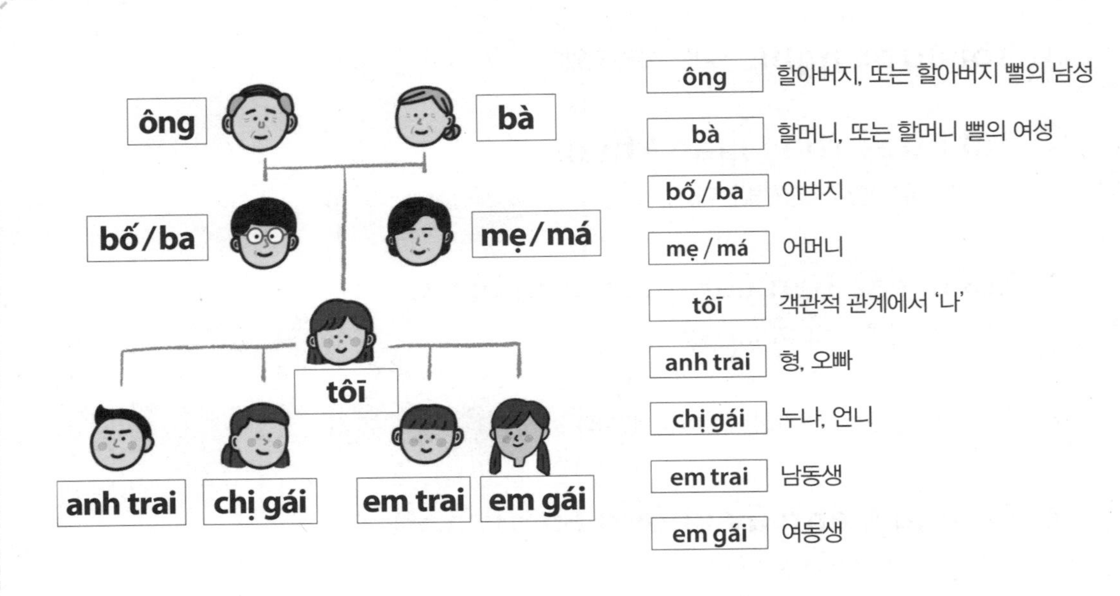

ông	할아버지, 또는 할아버지 뻘의 남성
bà	할머니, 또는 할머니 뻘의 여성
bố / ba	아버지
mẹ / má	어머니
tôi	객관적 관계에서 '나'
anh trai	형, 오빠
chị gái	누나, 언니
em trai	남동생
em gái	여동생

핵심 문장

1. **Xin chào** 안녕하세요.
2. **Cám ơn** 감사합니다. **Không có gì** 천만에요.
3. **Xin lỗi** 미안해요. **Không sao** 괜찮아요.

오픽(OPIc) 맛보기

- ☆ 오픽 시험 소개
- ☆ 주제별 문제

01 오픽 시험 소개

● 오픽이란?

OPIc(Oral Proficiency Interview – computer)은 면대면 말하기 시험이 아니라 가상의 면접관이 컴퓨터를 통해 진행하는 말하기 시험입니다. 최근 베트남어 오픽 시험의 수요가 나날이 증가하고 있습니다. 오픽 시험은 개인별 맞춤 난이도 설정에 따라 12문제~15문제가 출제됩니다.

● 오픽 시험 진행 절차 (출처:오픽 홈페이지)

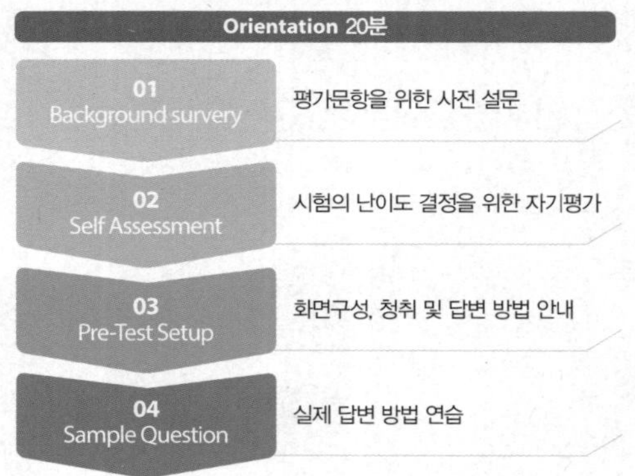

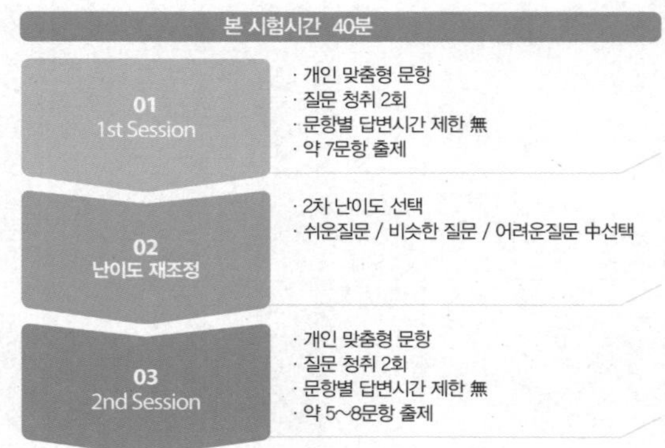

● 오픽 등급체계 (출처:오픽 홈페이지)

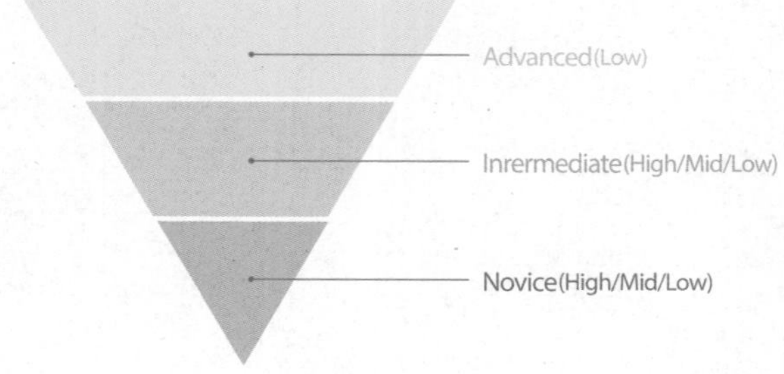

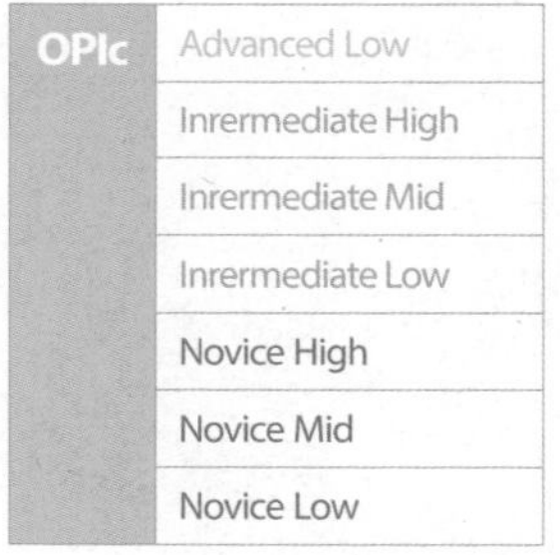

OPIc	Advanced Low
	Inrermediate High
	Inrermediate Mid
	Inrermediate Low
	Novice High
	Novice Mid
	Novice Low

● 오픽 시험은 서베이(설문)를 통해 개인별 맞춤형으로 출제됩니다.

배경 설문(Background Survey, 서베이)에서 무엇을 선택하느냐에 따라 시험에서 나오는 문제의 내용이 결정되니 목표 등급에 따라 전략적으로 서베이 및 오픽 난이도 선택을 해야 합니다.

● 추천하는 서베이 항목

여가 활동, 취미/관심사, 운동, 휴가 및 출장 파트 12개 선택 추천 항목

☑ 영화 보기 ☑ 공원 가기 ☑ 캠핑하기 ☑ 해변 가기

☑ 음악 감상하기 ☑ 악기 연주하기 ☑ 조깅 ☑ 걷기

☑ 운동을 전혀 하지 않음

☑ 집에서 보내는 휴가 ☑ 국내 여행 ☑ 해외여행

02 주제: 자기소개

MP3 13-01

질문

Giờ này, chúng ta hãy bắt đầu cuộc phỏng vấn nhé. Hãy kể cho tôi nghe một chút về bản thân bạn.

이제 인터뷰를 시작하겠습니다. 자신에 대해 간단하게 말해주세요.

모범답안

Xin chào, xin tự giới thiệu. Em tên là Ha-na. Năm nay em 22 tuổi. Em đang sống ở thành phố Suwon, một thành phố gần thủ đô Seoul. Em rất thích sống ở thành phố này.

안녕하세요, 제 소개를 하겠습니다. 제 이름은 하나입니다. 올해 22살이죠. 저는 수도인 서울에서 가까운 한 도시인 수원시에서 살고 있어요. 저는 이 도시에서 사는 것이 매우 좋아요.

나만의 답안 작성하기

03 주제: 거주지

MP3 13-02

질문

Trong bản khảo sát, bạn nói rằng bạn đang sống ở nhà riêng hoặc chung cư. Hãy miêu tả về nhà của bạn.

당신은 설문에서 개인 주택 또는 아파트에서 산다고 했습니다. 당신의 집에 대해 묘사하세요.

모범답안

Tôi đang sống ở một căn hộ chung cư xinh xắn. Nhà tôi nằm ở trung tâm thành phố. Nhà tôi có 3 phòng ngủ, 1 phòng khách, 2 nhà vệ sinh. Nhà tôi trông rất đẹp.

저는 매우 아름다운 아파트에서 살고 있어요. 우리 집은 시내 중심에 위치해요. 우리 집은 3개의 침실이 있고 1개의 거실, 2개의 화장실이 있습니다. 우리 집은 매우 좋아 보여요.

나만의 답안 작성하기

04 주제: 해변 가기

MP3 13-03

질문

Trong bản khảo sát, bạn nói là bạn thích đến bãi biển. Bạn hãy miêu tả một bãi biển mà bạn thích. Đó là nơi nào? Bãi biển đó trông thế nào?

설문조사에서 당신은 해변가는 것을 좋아한다고 했습니다. 당신이 좋아하는 해변을 묘사하세요. 그곳은 어느 곳인가요? 그 해변은 어때 보이나요?

모범답안

Tôi rất thích biển nên luôn cố gắng đến bãi biển. Bãi biển mà tôi thích nhất là bãi biển Haeundae. Bãi biển Haeundae có phong cảnh rất đẹp. Thêm vào đó, ở gần bãi biển đó, cũng có nhiều quán hải sản ngon.

나는 바다를 매우 좋아해서 항상 해변에 가려고 노력합니다. 제가 제일 좋아하는 해변은 해운대 해변입니다. 해운대 해변은 매우 아름다운 풍경이 있어요. 또한 그 해변 근처에 맛있는 해산물 가게도 많이 있습니다.

나만의 답안 작성하기

05 주제: 공원 가기

MP3 13-04

질문

Trong bản khảo sát, bạn nói là bạn thích đến công viên. Bạn hãy miêu tả một công viên mà bạn thích. Đó là nơi nào? Công viên đó trông thế nào?

설문조사에서 당신은 공원 가는 것을 좋아한다고 했습니다. 당신이 좋아하는 공원을 묘사하세요. 그곳은 어느 곳인가요? 그 공원은 어때 보이나요?

모범답안

Khi rảnh, tôi thường đến công viên. Khi tôi đến công viên, tôi thường đi dạo và ngắm phong cảnh. Khi ngồi nghỉ ở công viên, xem phong cảnh đẹp thì tôi cảm thấy rất thoải mái.

한가할 때 저는 주로 공원에 갑니다. 공원에 갈 때 저는 주로 산책하고 풍경을 감상해요. 공원에 앉아서 쉬고 예쁜 풍경을 볼 때 저는 매우 편안하게 느낍니다.

나만의 답안 작성하기

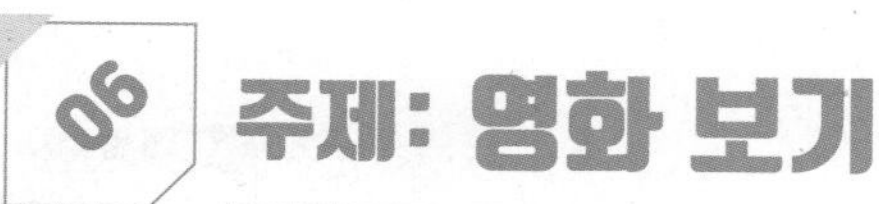

06 주제: 영화 보기

MP3 13-05

질문

Trong bản khảo sát, bạn nói là bạn thích xem phim. Bạn thích xem loại phim nào? Vì sao bạn thích xem những loại phim đó?

설문조사에서 당신은 영화 보는 것을 좋아한다고 했습니다. 당신은 어떤 영화 장르를 보는 것을 좋아하나요? 왜 당신은 그 영화 장르들을 보는 것을 좋아합니까?

모범답안

Sở thích của tôi là xem phim. Vì thế tôi thường đi xem phim ở rạp chiếu phim. Trong các loại phim, tôi thích nhất phim hành động. Bởi vì phim hành động rất hay. Khi xem phim hành động, tôi cảm thấy rất vui.

저의 취미는 영화 보기입니다. 그래서 저는 주로 영화관에 영화를 보러 갑니다. 각 영화 장르들 중에서 저는 액션 영화를 제일 좋아합니다. 왜냐하면 액션 영화는 매우 재미있기 때문입니다. 액션 영화를 볼 때 저는 매우 즐겁게 느낍니다.

나만의 답안 작성하기

주제: 음악 감상하기

MP3 13-06

질문

Trong bản khảo sát, bạn nói là bạn thích nghe nhạc. Bạn thích ca sĩ hoặc nhà soạn nhạc nào nhất? Vì sao bạn thích ca sĩ hoặc nhà soạn nhạc đó nhất?

설문조사에서 당신은 음악 듣는 것을 좋아한다고 했습니다. 당신은 어떤 가수나 음악가를 제일 좋아하나요? 왜 당신은 그 가수나 음악가를 제일 좋아합니까?

모범답안

Từ khi nhỏ, tôi rất thích nghe nhạc. Ca sĩ yêu thích của tôi là nhóm nhạc BTS. Nhóm nhạc BTS có nhiều bài hát rất hay và họ hát rất hay. Ngoài ra, tôi còn thích nhà soạn nhạc Mozart. Khi nghe nhạc của ông Mozart, tôi luôn cảm động.

어렸을 때부터 저는 음악을 듣는 것을 매우 좋아했어요. 제가 좋아하는 가수는 그룹 BTS입니다. 그룹 BTS는 매우 좋은 노래들이 많고 그들은 노래를 매우 잘합니다. 또한 저는 음악가 모차르트를 좋아합니다. 모차르트의 음악을 들을 때 나는 항상 감동해요.

나만의 답안 작성하기

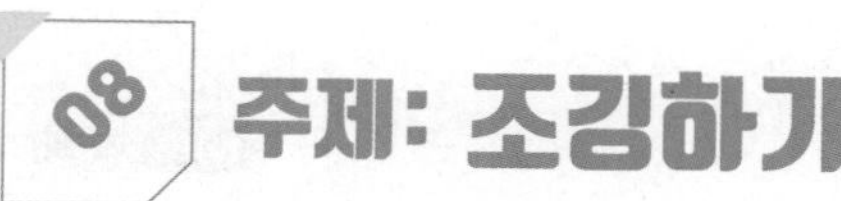

08 주제: 조깅하기

MP3 13-07

질문

Trong bản khảo sát, bạn nói là bạn thường chạy bộ. Bạn thường chạy bộ ở đâu và lúc nào? Khi chạy bộ bạn thường mang theo những gì?

설문조사에서 당신은 보통 조깅한다고 했습니다. 당신은 주로 어디에서 그리고 언제 조깅을 하나요? 조깅을 할 때 당신은 주로 어떤 것들을 가지고 가나요?

모범답안

Sáng nào tôi cũng chạy bộ. Tôi thường chạy bộ ở công viên gần nhà. Tôi thường vừa chạy bộ vừa nghe nhạc. Khi đi chạy bộ, tôi thường mang theo máy điện thoại di động và chai nước.

아침마다 저는 조깅을 합니다. 저는 주로 집 근처 공원에서 조깅합니다. 저는 주로 조깅하면서 음악을 듣습니다. 조깅하러 갈 때 저는 주로 휴대폰과 물병을 가져갑니다.

나만의 답안 작성하기

주제: 자전거 타기

MP3 13-08

질문

Trong bản khảo sát, bạn nói là bạn thường đi xe đạp. Bạn thường đi xe đạp ở đâu và lúc nào, với ai?

설문조사에서 당신은 보통 자전거를 탄다고 했습니다. 당신은 주로 어디에서 그리고 언제 누구와 자전거를 타나요?

모범답안

Tôi thích đi xe đạp. Tôi thường đi xe đạp ở công viên sông Hàn vào cuối tuần. Bởi vì ở công viên đó có đường dành cho xe đạp rất dài. Bạn tôi cũng rất thích đi xe đạp nên tôi thường đi xe đạp với bạn tôi.

저는 자전거를 타는 것을 좋아합니다. 저는 주로 주말에 한강공원에서 자전거를 탑니다. 그 공원에는 매우 긴 자전거 전용도로가 있기 때문입니다. 제 친구도 자전거를 타는 것을 매우 좋아해서 저는 보통 저의 친구와 자전거를 탑니다.

나만의 답안 작성하기

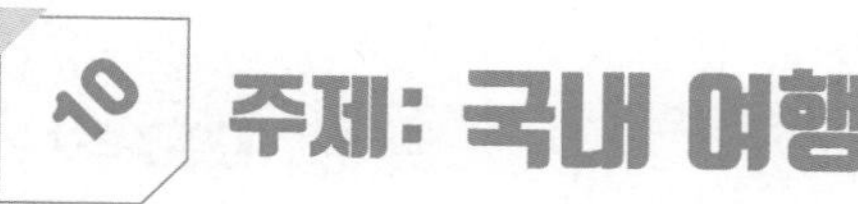

10 주제: 국내 여행

MP3 13-09

질문

Trong bản khảo sát, bạn nói là bạn thích đi du lịch trong nước. Bạn thường đi du lịch ở những nơi du lịch nào? Vì sao bạn thích đến nơi đó?

설문조사에서 당신은 국내 여행을 가는 것을 좋아한다고 말했습니다. 당신은 주로 어떤 여행지들에 여행을 가나요? 왜 그곳에 가는 것을 좋아하나요?

모범답안

Ở nước tôi, đảo Jeju là nơi du lịch nổi tiếng và đẹp nhất. Năm nào tôi cũng đi du lịch ở đảo Jeju. Đảo Jeju có phong cảnh thiên nhiên rất đẹp, đặc biệt, núi Hanla có phong cảnh 4 mùa đều đẹp nên tôi thích đến đó.

우리나라에서는 제주도가 가장 아름답고 유명한 곳입니다. 해마다 저는 제주도에 여행을 갑니다. 제주도는 매우 아름다운 자연풍경을 가지고 있는데 특히 한라산은 사계절 풍경이 모두 아름다워서 저는 그곳에 가는 것을 좋아합니다.

나만의 답안 작성하기

주제: 해외여행

MP3 13-10

질문

Trong bản khảo sát, bạn nói là bạn thích đi du lịch ở nước ngoài. Bạn đi du lịch ở nước ngoài lần đầu là khi nào? Lúc đó bạn đã đi du lịch ở nước nào và với ai?

설문조사에서 당신은 해외에 여행을 가는 것을 좋아한다고 말했습니다. 당신이 첫 번째로 해외에 여행을 간 것은 언제였습니까? 그때 당신은 어느나라에서 여행 했고, 누구와 했습니까?

모범답안

5 năm trước, tôi đã đi du lịch ở Việt Nam. Đó là lần đầu tiên tôi đi du lịch ở nước ngoài. Tôi đi du lịch với gia đình tôi nên đã có một thời gian rất hạnh phúc.

5년 전에 저는 베트남에 여행을 갔습니다. 그것이 제가 해외에 여행을 간 처음이었습니다. 저는 우리 가족과 함께 여행을 가서 매우 행복한 시간을 보냈습니다.

나만의 답안 작성하기

주제: 집안일 하기

MP3 13-11

질문

Việc nhà là việc chung và các thành viên trong gia đình cần có trách nhiệm. Hãy cho tôi biết các thành viên gia đình của bạn thường được phân công việc nhà trong gia đình như thế nào?

집안일은 공동의 일이며 각 가족 구성원은 책임감을 가질 필요가 있습니다. 당신의 가족들이 어떻게 가정의 집안일을 나누는지 알려주세요.

모범답안

Gia đình tôi có 3 người. Tôi, vợ tôi và một con gái. Vì công việc bận nên tôi thường về nhà muộn vì thế vợ tôi chủ yếu làm việc nhà và tôi thì trợ giúp.

우리 가족은 3명입니다. 저, 저의 아내와 딸 한 명. 일이 바쁘기 때문에 저는 주로 늦게 귀가해서 아내가 주로 집안일을 하고 저는 돕습니다.

나만의 답안 작성하기

주제: 외식하기

MP3 13-12

질문

Bạn có nhà hàng hoặc quán ăn nào hay đi ăn không? Nhà hàng hoặc quán ăn đó thường phục vụ những loại món nào? Vì sao bạn thích đi ăn ở đó?

당신은 자주 먹으러 가는 어떤 레스토랑이나 식당이 있나요? 그 식당은 어떤 종류의 음식들을 제공하나요? 당신은 왜 그곳에 가서 먹는 것을 좋아하나요?

모범답안

Gia đình tôi thường đi nhà hàng thịt nướng vì trong gia đình tôi ai cũng thích ăn thịt ba chỉ nướng. Nhà hàng đó ở gần nhà tôi và các món ăn ở đó rất ngon nên chúng tôi thường đi ăn ở đó khoảng 1-2 lần một tháng.

우리 가족은 주로 고깃집에 가는데 우리 가족은 누구나 다 삼겹살을 먹는 것을 좋아하기 때문입니다. 그 레스토랑은 집 근처에 있고 그곳의 음식들은 매우 맛있어서 우리는 보통 한 달에 약 1~2번 그곳에 먹으러 갑니다.

나만의 답안 작성하기

주제: 교통

MP3 13-13

질문

Các phương tiện giao thông công cộng ở nước bạn thế nào? Hãy kể cho tôi bạn thích sử dụng phương tiện giao thông công cộng nào nhất?

당신의 나라에서 대중교통수단은 어떤가요? 당신이 어떤 대중교통 수단을 이용하는 것을 제일 좋아하는지 말해 주세요.

모범답안

Hàn Quốc có rất nhiều loại phương tiện giao thông công cộng như tàu điện ngầm, xe buýt, tắc xi v.v.. Trong đó tôi thích sử dụng tàu điện ngầm nhất vì vừa tiện vừa rẻ.

한국은 지하철, 버스, 택시 등과 같은 대중교통수단의 종류가 매우 많습니다. 그중에서 저는 지하철을 이용하는 것을 제일 좋아하는데 편리하면서 (가격이) 싸기 때문입니다.

나만의 답안 작성하기

주제: 롤플레이 면접관에게 질문하기

MP3 13-14

질문

Tôi thích đi xem phim. Bạn hãy hỏi tôi ba hoặc bốn câu hỏi về loại phim mà tôi thích.

나는 영화 보러 가는 것을 좋아합니다. 내가 좋아하는 영화 종류에 대해 3개 혹은 4개의 질문을 해 주세요.

모범답안

1. Bạn thường xem phim ở đâu? Ở rạp chiếu phim hay ở nhà?
2. Bạn thích xem loại phim nào?
3. Vì sao bạn thích loại phim đó?
4. Bạn thường đi xem phim với ai? Khi nào?

1. 당신은 보통 어디에서 영화를 보나요? 영화관인가요? 아니면 집인가요?
2. 당신은 어떤 장르의 영화를 보는 것을 좋아하나요?
3. 왜 당신은 그 영화 장르를 좋아하나요?
4. 당신은 보통 누구와 영화를 보러 가나요? 언제 가나요?

나만의 답안 작성하기